北朝鮮のミサイルはなぜ日本に落ちないのか

国民は両建構造《ヤラセ》に騙されている

reason why
a missile of North Korea
never fall down to
Japan
how we are
deceived by the fictional
confrontation

秋嶋 亮
Akishima Ryo

白馬社

*

プロローグ

「現実の迷宮」へようこそ。

本書は時代のリテラシー《読解力》を圧倒するものであり、おそらく陰謀論だの電波系だのと謗られ、挙句にトンデモ説として一蹴されるのだろう。しかし現実として「北朝鮮のミサイルは日本に落ちない」のだ。そして今後も「北朝鮮のミサイルは日本に落ちない」のであり、新聞テレビがどれほど脅威を煽ったところで「北朝鮮のミサイルは日本に落ちない」のである。

もし仮に貴方がこの主張に反証を試みたところで、それは全く「弱い仮説」に止まるだろう。なぜなら「北朝鮮のミサイルが日本に落ちる」という被説明項的な事態は永劫に生じないからである。その前提において「北朝鮮のミサイルは日本に落ちない」という命題は真であり続けるのだ。

かくして一連の対話篇《ダイアローグ》はミサイル騒動が両建構造（擬制の対立）であることの証明に挑むのだが、これは壮大な捨象《しゃしょう》の作業であることを申し伝えておきたい。

つまり現象の複雑さを読み解くため一旦細部《バリ》を削ぎ落し「最単純モデルとしての世界像」を示すのである。

その概観は「全てはカネで繋がる」という身も蓋もない一語に集約されるのだが、現実として核ミサイルの飛来が喚かれる一方で、緊張状態にあるはずの各国はがっちりと手を携えているのだ。

貴方はご存知だろうか?

金正恩が150以上の国々と通商関係を結んでいることを。首都平壌《ピョンヤン》が資源バブルに沸き立っていることを。そのような莫大な投資マネーが欧米やアジアや中東の各国から流れ込んでいることを。日本とアメリカが彼らの核開発を援助したことを。世界は北朝鮮など全く脅威と見なしていないことを。「狂人的な独裁国家」という北朝鮮像はインフォテインメント(報道番組を偽装したワイドショー)の中にしか存在しないことを。そしてそれを知らないのは日本人だけであることを……。つまり我々は全くマトリックス的な二元世界の営みに在るのだ。

これまで地政学や軍事学などが綴った北朝鮮論は極一面を捉えたものに過ぎず、その全体像を暴き白日のもとにさらす仕事は社会学を道具として初めて可能となるのだ。もっとも社会学という言葉は極めて曖昧であり、その定義すら紛糾するのだろうが、ここでは（経済学や歴史学や哲学など）諸学をリミックスした総合格闘技的な知の体系であると述べておきたい。

そして社会学とは「越境する知」とも換言できるだろう。すなわち一つの仮説を様々な領野から検討し精緻化する立場であり、全く異質の部門から縦横無尽にメタファを引っ張り出し対照化する作業であり、視座の複数性をもって確証する態度であると同時に、今社会を席巻する反知性主義へのアンチテーゼ《あてつけ》に他ならない。

しかし本書は決して理屈に凝り固まった堅苦しいものではなく、ヤクザ映画やSF漫画などからの引用も交えているとおり、雑多なジャンルを行き交う痛快の書であることを申し伝えておきたいと思う。つまるところ社会学とは至上の雑学であり、むしろ蓋然性《たしからしさ》はインテリジェンスのごった煮の中にこそ浮上するのだ。

おそらく本書を手に取った貴方は、これまで小さな棘が刺さったような違和感を覚えながら生きてきたのだろう。

それは代わり映えのしない日常の間隙に現れては消える巨大な廃墟であり、新聞の行間やテレビの残像から突如立ち上る異形の影たちであり、行き交う人混みに紛れ泰然《たいぜん》と闊歩《かっぽ》する怪物群であり、時に貴方はそのような幻視の中でこの世界がとてつもない作り物《ギミック》ではないかと懐疑を繰り返したのだが、本書はそれを明証するとともに読む者を覚醒の次元に引き渡すのだ。

カンザスから旅立つドロシーのように心の準備は出来ているだろうか？

筆者

●目次

第2章 ミサイルが発射される度に資産が増える仕組み——65

第3章 外部の敵を作り内政の問題を誤魔化す――137

第4章 なぜ国民はこれほど愚かになったのか――191

ある年齢を過ぎて真実を知れば発狂する。

第1章

日本がカネを送り、アメリカが原子炉を提供した

1　誰もミサイルが落ちると思っていない

聞き手：白馬社編集部

――北朝鮮問題についてはヤラセというご見解ですが、それはどのような理由に拠るのでしょうか？

だって子どもが考えてもおかしいことばかりじゃないですか。ミサイルが首都圏に飛来するかもしれないというのに総理大臣はゴルフをやっている、総理夫人はカラオケをやっている、閣僚は夏休みの外遊に出ている。しかも有事法の策定に関わる憲法審査会の面子が呑気に休んでいるわけですよ。Jアラート《空襲警報》が発動された当日ですら国際線は通常運航で、不動産株も銀行株も国債も地価も大した動きがなかった。戦争となれば証券の代替としてゴールドが高騰するのに市場にそんな動きもなかった。つまり政治社会だけでなく経済社会も北朝鮮のミサイルを全くリスクと見なしていない。それだけではありません。なぜ（戦争となれば前線地となる九州で）玄海原発を再稼働させるのか、なぜ標的とされる東京でオリンピックを開催するのか、なぜ高層マンションが続々と建設されるのか、なぜ（コロナ禍の直前まで）外国人観光客は史上最高なのか、なぜ核シェルターではなく五輪スタジアムを作るのか……、疑問は尽きないでしょう。

――要するに誰も本気でミサイルが落ちるとは考えていないと。

例えば2011年に福島原発事故が発生した際、各国の大使館は自国民に関東から避難するよう勧告していました。全く報道されませんでしたが、アメリカは在日米軍の家族2万人の退避を支援していたし、イギリス、フランス、ベルギー、ロシアなどはチャーター機を派遣していたのです。そうやって24万人以上の外国人が脱出したわけですね。ところが今回はそのような動きは全くないでしょ？　このように帰納的に推論すれば、各国政府も日本と北朝鮮が戦争するなんて考えてはいない。日本にミサイルが落ちるわけないと思っているわけですよ。

――つまり、新聞テレビが煽る北朝鮮脅威論には根拠がない、というわけですか？

核実験の回数でみればロシアは700回以上、中国は45回、これに対し北朝鮮は僅か6回（パキスタンの代理実験除く）です。核ミサイルの数でみればロシアは約7300発、中国は約260発、これに対し北朝鮮は推定8発に過ぎない。またロシアは北方領土に軍民共有の空港をはじめ基地を続々と建設しているし、中国も尖閣諸島から僅か300キロの地点に要塞を構えるなどして橋頭保《きょうとうほ》（侵攻の拠点となる場所）を築いています。だから仮に北朝鮮が脅威だとしても、中露のそれには全く比するものではない。そもそも北朝鮮の軍事予算は1兆円にも満たないのですよ。これは実に日本や韓国の5分の1以下、アメリカの70分の1以下です。だからそのような弱小国をクローズアップして脅威と位置づける馬鹿げた世論を点検しなければならない、というのが僕の主張です。

——確かにそうですね。我々は北朝鮮だけに気を取られて、ロシアや中国も仮想敵国だということをすっかり忘れています。冷静に考えればもっと大きな脅威がある。いかに北朝鮮問題が偏向しているかということですね。

ちなみに人民解放軍の幹部は「もし日本を攻撃するなら原発を狙う」と言っています。いわゆる「ミニ・マックス・ウォー」ですね。要は大部隊を投入するよりそっちのほうが余程安上りで効果的だという論理なわけです。日本には54基も原発があり、しかもどれもが生活圏で操業され警備が手薄です。だから陸地からも海上からも簡単にミサイルを撃ち込めるし、ドローンを飛ばして小型爆弾を投下することもできる。そう考えると外国の軍隊よりも無軌道な原発行政のほうが余程恐ろしいですよ。

――たしかに北朝鮮が格別に好戦的な国であるという根拠は無いように思います。

欧米諸国の方が余程「ならず者国家」ですよ。アメリカの核実験は1000回を楽に超えているし、有志連合（イギリス、フランス、カナダなど）は対イスラム国戦争の名目において、単年で実に8000回以上の空爆を実施しています。

――しかし国民はマスコミの報道を真に受けて、本当に北朝鮮が戦争を仕掛けるかもしれないと思っています。

そもそもミサイルが発射される前日からCNNが（国交がないはずの北朝鮮の首都）平壌に乗り

込んで一部始終を実況中継し、それを日本のニュースとワイドショーが二次配信するというバカバカしさですよ。戦争を始める矢先に手の内をさらす国がありますか？　戦争前夜に外国人が軍事施設を撮影しているとなればエスピオナージ《諜報活動》とみなされ即逮捕か下手すれば死刑ですよ。仮にそれが北朝鮮の陽動作戦だったとしても、彼らがアメリカと密接な関係にあることは間違いありません。そもそも平壌空港からは横田基地行の直行便が出ているとも指摘されている（笑）。それのフライトディスプレイの写真もばら撒かれているじゃないですか。

――ここまで来るともはやお笑いです。

いずれにしろ超ド級の軍事機密がテレビ的可視性の下に晒されるという矛盾をよく考えなくてはなりません。はっきり言いますが、これは露骨なメディア・イベント（世論誘導のために仕組まれた出来事）ですよ。ちなみに僕は彼らの手口の杜撰さが9・11同時多発テロに共通すると思うのです。あの時も「たまたまツインタワーを撮影していたら、偶然そこにハイジャックされた航空機が突っ込んできて、ドンピシャのアングルで一部始終を撮影しました」という映像が世界配信されました。

――そして今回はアメリカのテレビクルーが北朝鮮に乗り込んでミサイル発射を実況中継している。そしてこのような報道が露骨に政治利用されているにもかかわらず、「本当はお前らみんなグルなんだろ！」とツッコまないことがお約束になっているわけです。

そのとおりです。「ミサイルが飛んで来るというのに、なんでタワーマンションを造ってんだ？」とか、「なんでメガバンクはそんな間抜けなディヴェロッパー《開発業者》に融資してんだ？」とか、「ミサイルの射程に入っている所に、なんで読売新聞は新社屋を建ててんだ？」とか、「首都が壊滅状態になるかもしれないのに、なんで銀座の地価は過去最高を記録してんだ？」とか、「本当はお前らミサイルが落ちるなんてこれっぽっちも思っていないだろう？」とかツッコんではダメなんですよ（笑）。おっしゃるとおり我々の社会はツッコまないことを不文律にして回っているわけですね。本当に漫画みたいな話ですが。

2　アメリカによる拉致事件は北朝鮮よりも多い

——拉致事件についてはどのようにお考えですか？

極めて政治的に利用されていますね。総理大臣に就任した直後の小泉純一郎が北朝鮮に飛び、拉致被害者を救出するというハリウッド映画さながらの離れ業をやってのけたことは記憶に新しいと思いますが、あれなどは市場原理主義を推進するためのポピュリズム《人気取り》的演出だったのです。そうやって一躍国民的ヒーローになった小泉は多国籍資本に言われるまま構造改革を推進し、1％のために99％が犠牲になるアメリカ型の社会を作ったわけですね。

——あのパフォーマンスは日本とアメリカと北朝鮮の連携だったというわけですか？

諸論あるでしょうが、結果としてそうなっています。社会学でいうドラマトゥルギー《作劇》の典型だと見て間違いないでしょう。

――しかし今だ国民は騙されたことに気づいていません。

ちなみに拉致事件は北朝鮮によるものよりアメリカによるものの方がずっと多いのですよ。人権団体に言わせると、彼らはテロ抑止を名目に途方もない数の拉致事件を引き起こしている。当該国の司法機関が認定したものでは、ドミニカ、ホンジュラス、キプロス、パナマ、コロンビア、メキシコなどの事例があります。しかも連邦最高裁判所は「アメリカの法律に触れたと判断した者を拉致してよい（相手国の法律や引き渡し条約を無視してよい）」という判決すら下している。占領下のイラクでも米軍や民間軍事会社による拉致事件が何百件も相次ぎましたが、被害者の大半はテロリストではなく、反米的なジャーナリストや知識人や労組のメンバーだったわけです。

――たしかイタリアでも裁判が起きていました。

イスラム教の聖職者アブ・オマルが白昼堂々ミラノで誘拐され、外国に移送された後に拷問を受けた事件ですね。２００９年にイタリアの裁判所は、これの実行犯である中央情報局《CIA》の職員を始め関係者25人に対し有罪判決を下しています。もっともこれなどは氷山の一角に過ぎないわけで、アメリカによる組織的拉致は北朝鮮のそれが全く軽微に見えるほど大掛かりなものです。80年代のアルゼンチンやブラジルやチリなどでも軍事政権により十数万人が拉致されましたが、これもアメリカ資本の支配に抵抗する市民への弾圧だったわけで、当初より中央情報局《CIA》によって指導されていたことが暴かれています。

——当時アメリカの傀儡であった南米の三国が共同して反抗的な市民を捕獲した「コンドル作戦」ですね。おっしゃるとおり、そのスケールと残酷さに比べれば北朝鮮の拉致事件などは全くかすんで見えます。そうやってアメリカ政府は自分たちの悪事を棚上げしているわけです。

そもそもアメリカは建国から２４０年の間に40回以上の戦争を繰り返しているとおり「世界一のテロ国家」なんですよ。彼らの戦争の殆どは自衛のためではなく領土や市場の拡大、あるいは資源獲得のための侵略戦争です。それだけでなく大戦後は世界各国に間断なく干渉を繰り返している。どういうことかというと自国の企業進出にとって都合の悪い左派政権が出来ると、片っ端から潰しに掛かるわけですよ。

――つまり彼らは自分たちが「ならず者」であるにもかかわらず、正義者面をして北朝鮮を糾弾している。

そのとおりです。正規の戦争だけでなく相手政府にクーデターや不正選挙を仕掛けたり、暗殺したり、金銭で篭絡したり、そうやって裏から操るわけです。これはある種の「非公式戦争」と言えるでしょうね。要は自民党みたいな傀儡政権を各国に樹立して、アメリカ資本がボロ儲けできる仕組みを作るわけですよ。それに対し民衆の不満が募って反米運動が起きると弾圧法を施行したり、殺人部隊や拷問官を派遣したり強制収容所を作ったりする。

――いわゆる「介入主義」ですね。例えばどのような国があるのでしょうか？

ざっと挙げてみると、ギリシャ、イラン、グアテマラ、コスタリカ、ハイチ、ギアナ、イラク、カンボジア、中国、東チモール、インドネシア、タイ、ベトナム、ラオス、ネパール、エクアドル、グレナダ、ブラジル、ペルー、コロンビア、ボリビア、アルバニア、ユーゴスラビア、キューバ、ガーナ、南イエメン、ウルグアイ、チリ、アンゴラ、ニカラグア、ホンジュラス、パナマ、ジャマイカ、セイシェル、コンゴ、ザイール、ガーナ、イエメン、チャド、リビア、フィジー、エルサルバドル、メキシコなどです。推定で600万人近くが殺されてますよ。

——近代にアメリカが政治介入した国はそんなに多いんですか?

近代ではなく現代の一例です。各国はそれにより社会資本や産業資源が根こそぎ持っていかれたことから、経済も福祉もメチャクチャになりました。ちなみにクリントン政権が策定した構造調整プログラム(IMFの債務国に課した社会保障の撤廃)だけで毎年100万人の餓死者を出していると推定されます。「米国の支配地域は人権の破局地帯になる」というのはそういう意味です。だからアメリカがチェーンソー担いで連続殺人している異常者家族だとしたら、北朝鮮なんて改造バイクを乗り回して騒いでいる悪ガキ程度のものですよ。

——いずれも遠い国の事件ですので実感が伴いません。しかしそれが事実だとすればアメリカは北朝鮮よりも悪質なテロ国家ということになります。

近隣の例を挙げれば、彼らは韓国の「光州事件」でも酷いことをやっていますよ。1980年に全斗煥《チョンドファン》の政権下で民主化デモが勃発したのですが、その際にアメリカは在韓米軍を派遣し弾圧に加勢したのです。いいですか、「自由のために戦う！」とか言っている国がですよ、正常選挙や拷問の禁止などを求める一般市民に銃を向けたわけですよ。そしてそれにより200人以上が犠牲になりました。しかもこれは「人権外交」を掲げるカーター政権によって主導されたものですから、いかに連中が二枚舌のご都合主義かということですよ。ちなみに全斗煥《チョンドファン》はこの事件の首謀者として96年に死刑判決を下されているのですが、結局アメリカによる虐殺事件が彼一人の責任として片づけられた恰好です。

――それなのに「アメリカは正義の国」というイメージが出来上がっている。

拉致被害者の家族がホワイトハウスに陳情に行く、そしたら大統領が「自由を脅かす敵は許しません」みたいに頼もしく答えるシーンが放映されるじゃないですか。そうやってアメリカは「正義の国」、北朝鮮は「悪の国」というイメージを刷り込んでいるわけです。いずれにしろ北朝鮮の拉致事件がアメリカのプロパガンダ《政治宣伝》に利用されていることは間違いありません。

3　投資ブームに沸く平壌《ピョンヤン》

――これまでの話を総合すると、やはり北朝鮮の実態が報道によって歪められているように思います。

少なくとも北朝鮮がテロ国家であるという文脈には無理があります。後で詳しく述べますが、すでに北朝鮮は150以上の国々と通商関係を築いているのですよ。ちなみに北朝鮮経済の25%が輸出に依存していると推定されますので、その意味ではアメリカや日本よりも国際社会との関係は深いとも言えます。いずれにしろ「狂犬のような独裁者が君臨するイカレた国」という北朝鮮像は、日本とせいぜいアメリカのインフォテインメント（報道番組に偽装したワイドショー）の中にしか存在しないということです。

――そもそも独裁《ファッショ》という点においては日本も北朝鮮と大差無いですよね。近年の政治を見ていると重要法案の殆どが強行採決されている。もはや民主主義国家とは言えません。原発事故被災者の支援が打ち切られ、汚染地域への帰郷を強制されているとおり、むしろ北朝鮮よりも酷い人権侵害が横行しています。今後は共謀罪法によって思想や言論の自由もどんどん縮減され、監視や密告や検閲がはびこる戦時中のような社会になるでしょう。

――それではどのように北朝鮮という国を捉えなおせばいいのでしょうか？

重要なことは金融というセグメント《領野》から考えることです。つまりカネの流れから捉えなければ本質は何一つとして分からない。はっきり言いますが地政学や軍事学で語る北朝鮮論はみんなマヤカシですよ。最新の事情は「コリア・レポート」などにも詳しく記されていますが、北朝鮮にはコバルト、ウラン、チタニウム、タングステン、モリブデン、マグネサイト、金銀などの鉱山や油田があり、そのような天然資源の総額は１０００兆円とも推計され、各国から莫大な投資を呼び寄せています。

――それだけでも北朝鮮のイメージが随分違ってきます。

そもそも98年にアメリカの鉱山協会がレアメタルの試掘権を入手しているんですよ。また01年にはイギリスのアミネックス社が油田探査の独占契約を締結していますから、いずれ北朝鮮の資源は欧米メジャーの流通に乗るのではないでしょうか。そしてエジプトのオラスコム・テレコム社が携帯網を作り、ドイツのDHLが物流インフラを整備し、日本の麻生ラファージュがセメントを生産するといった具合に、すでに現地で設立された合弁企業は350社を超えているそうです。そしてこれらのプロジェクトにはロシアや中国はもちろん、韓国、イタリア、スイス、シンガポール、インド、台湾、香港、タイなどの企業が参加しているんですよ。もっとも全てが順調というわけでもなく、頓挫したり中断した事業もあるでしょうが、いずれにしろ北朝鮮がとっくに「開国」を果たし、国際社会の一員になっていることに変わりはありません。

——エジプトの企業が北朝鮮の携帯網を整備しているんですか？

北朝鮮は70年代頃からエジプトを通じてソ連製のミサイルを購入しているんですよ。そしてそれを分解して逆設計する形でミサイルの製造技術を蓄積している。だから両国の繋がりは深いわけです。ちなみに北朝鮮の携帯網プロジェクトには（国交がないはずの）フランスの資本も入っています。

――新聞テレビは北朝鮮が経済制裁を受けて破綻間近だみたいなことばかり伝えていますが……。

北朝鮮の経済データは55年頃から非公開のため、諸々の資料からの推計となりますが、対北投資額はさらに引き上げられる見込みです。経済特区《SEZ》（外国企業の自由な投資や特権的な税制度を保障する地域）などもドンドン作られ、すでにその数は韓国の2倍以上になるとも指摘されています。各国の資本により工業団地なども造成され、電子部品の生産どころかソフトウェアの開発なども進んでいますからね。つまり現在の北朝鮮は80年代当時の中国さながらに「開放政策」の過渡期に入っているのです。レアメタル・バブルに沸く首都平壌などは「ピョンハッタン」と揶揄されるほどですから（笑）。

――しかし国民はとんでもない勘違いをしています。北朝鮮は前近代的な鎖国状態に在ると思っていますからね。

よくよく考えなくてはならないことは、北朝鮮がミサイル発射を繰り返した2007年の8月以降も、各国は合弁プロジェクトを凍結しなかったことです。つまりこのような宣戦布告に等しい行為にもかかわらず、日米を始めNATO同盟国が北朝鮮に対する資本やイノベーションの提供を止めなかったことが何を意味しているのか、この点をよく考えなくてはなりません。

僕が知る限り、ミサイル発射の制裁措置として事業を中止したのは中国とインドくらいです。他の国も何かしら制裁措置を講じるようなマネをしていますが、それはあくまで表面的《ポーズ》な対処であって、対北朝鮮投資を全面的に引き揚げるには至っていません。

4 これをマッチポンプ《自作自演》という

――それでも各国がグルだという話はにわかには信じ難いのですが。

そもそも日本は北朝鮮に核開発の資金を送っているんですよ。そしてアメリカは原子炉を提供しています。

――えっ！ それはどういうことですか。

95年に半島の核軍縮を推進するという名目で「朝鮮半島エネルギー開発機構《KEDO》」が設立されたのですが、その際に日本は1000億円を出資し、アメリカが原子炉を提供することになったのです。このプロジェクトは後に頓挫するのですが、結果として日本は500億円近いカネを北朝鮮に献上したわけです。

――北朝鮮の原発は旧ソ連など社会主義の同盟国の支援によって造られたのではないのですか?

確かに60年代に北朝鮮で初めて導入された原子炉はソ連製のIRT－2000というモデルです。そうやって彼らはソビエト共産党の支援により核技術を蓄積して、80年代には開発用原子炉や貯蔵施設を自前で作るほどになったわけです。その後も「原子力発電所建設に関する経済・技術協力協定」が締結されるなど、朝ソの蜜月関係は続くのですが突如終焉を迎えます。

――ソ連邦の解体ですね。

そのとおりです。91年にソ連の旧体制が崩壊したことを契機に、エリツィン政権は社会主義国間の慣習であった現物決済(バーター取引)を停止し、北朝鮮に対し現金決済を求めたわけです。要は只同然で提供していた原発の設備や技術の一切について、今後はキャッシュで支払えと要求したわけです。ところが当時の北朝鮮の外貨収入なんて年間10億ドル程度ですからそんなカネが払えるわけがない。結局これで交渉が決裂し、ソ連との協定が破棄されたわけです。

そのうえ中国も社会主義体制から事実上の資本主義体制に移行し、ついには韓国と国交を結んで北朝鮮を裏切る格好となった。そうやって北朝鮮包囲網が強まる中で「ノドン1号」が発射され、第一次朝鮮半島危機が勃発したわけです。

――つまり、中露と金政権の関係がこじれたこと、そして半島の緊張が高まり核軍縮の必要に迫られたことから、日本が北朝鮮にカネを送り、アメリカが核施設を提供したわけですね。

そうです。そして94年にはクリントン政権下で「ジュネーブ合意（米朝枠組み合意）」が交わされたのですが、この主な内容として①アメリカが北朝鮮に軽水炉2基を提供すること。②その完工予定である2003年まで毎年50万トンの重油を提供すること。③代わりに北朝鮮は既存の黒鉛炉を解体し今後の建設計画を凍結すること、などが謳われています。なんで軽水炉を提供するかというと、黒鉛炉や重水炉に比べるとプルトニウムの抽出が困難だからだそうです。もっとも技術者に言わせると、軽水炉でも原爆を作る程度のプルトニウムは抽出できるので殆ど意味がないとのことですが（笑）。

――そのような経緯で「朝鮮半島エネルギー開発機構《KEDO》」が設立され、日本はこの機構を通じて北朝鮮に資金を提供したのですね。

これは北朝鮮への「融資」という名目で行われ、送金には日本輸出入銀行が使われたそうです。一方アメリカはスイスに本社を置くABB（アセア・ブラウン・ボベリ）社製の原子炉を仲介する形で納入したのですが、実はこの入札の中心人物がドナルド・ラムズフェルドだったのです。

――アメリカの国防長官が北朝鮮への原子炉提供に関わっていたというのですか？

ブッシュ政権で閣僚入りする前のことですが、当時ラムズフェルドはABB社の役員だったのですよ。もっともアメリカの国防のトップが、敵国に核施設を売り込んでいたわけですから、ショッキングな事実であることに変わりはありません。さすがにこれはアメリカ議会でも問題となり、リチャード・アーミテージなどが大反対していたことが当時の記録にも記されています。しかし最終的には国防総省が認可していますから、以上の経緯を踏まえれば、当初よりアメリカはロシアに代わって北朝鮮の核開発を支援するつもりだったことが窺えます。現にジョージ・ブッシュは（北朝鮮の核プロジェクト推進のため）3億ドルの追加支援を決定していますからね。

――これはマッチポンプ《自作自演》ですよ。日本もアメリカも自分たちが核開発を支援しておきながら今頃になって北朝鮮を「テロ国家」呼ばわりしているという。

もっとも当時は「半島の核軍縮のため」という大義名分があったわけですが。ちなみにクリントン政権は「朝鮮半島エネルギー開発機構《KEDO》」が発足した95年頃から、対北朝鮮の経済制裁を解除しているんですよ。それまで「対敵国通商法」や「米国輸出入銀行法」などによって厳しく規制していた北朝鮮への送金、民生品などの輸出入を段階的に緩め、商船の寄港や民間機の乗入れも許可しました。それだけでなく農業、工業、石油、木材、セメント、交通、インフラなどへの投資もほぼ解禁しました。国務長官のレックス・ティラーソンによると、この頃からアメリカが北朝鮮に支援した諸々の合計は13億ドルを超えるそうです。

――「アメリカと北朝鮮は国交がない」なんて大嘘ですね。

それどころか密接な関係があると言ってもいいでしょう。実は2001年に寧辺《ニョンビョン》で原発の起工式が執り行われた際、北朝鮮の高官とともにウェスティングハウスの役員が出席しているんですよ。ちなみにこれは9・11同時多発テロが勃発した3日後のことでした。

――それはどのような事情だったのでしょうか？　北朝鮮に軽水炉を納入したのはウェスティングハウス社ではなくスイスのABB社ですよね。

元々ABB社の技術はウェスティングハウスからライセンス供与されたものですから、ずっと提携関係が続いていたわけです。だからこれはもう、アメリカ製の原子炉が北朝鮮に渡ったと言っていいでしょうね。そして事態はさらに複雑化します。2000年の初頭ABB社は北朝鮮に原子炉2基を納入しているのですが、その直後に同社の原子力部門をBNFL《英国核燃料公社》に3億ポンドで売却しているんですよ。そしてそれは当時BNFL《英国核燃料公社》の100%子会社であったウェスティングハウスに統合され、2006年にBNFL《英国核燃料公社》はウェスティングハウスを東芝に売却しました。

――つまり「北朝鮮における核施設推進事業の主体」が、アメリカ↓スイス↓イギリス↓日本という具合に移転したわけですね。この狙いは何だと思われますか？

おそらく責任所在を曖昧にするためでしょうね。要するに「そもそも北朝鮮に核技術を供与したのは誰だ？」という議論になったら困るわけですよ。これだけ責任移転が相次ぐと、事の経緯も実態もグチャグチャになって訳が分からなくなる。だから日本とアメリカは自分たちが北朝鮮の核プロジェクトを援助しておきながら、「北朝鮮のミサイルが危険ですから防衛費を上げましょう！」なんて馬鹿なことを平気で言えるわけですよ。もっともこの件は「ニューズウィーク」にすっぱ抜かれて世界公然の事実です。知らないのは日本人だけですよ。

――それだけでなく核施設の輸出に関係する企業も相当な利益を得たわけです。これはもはや多国間に跨る謀略と言っていいでしょう。

結果として日本が「朝鮮半島エネルギー開発機構《KEDO》」に出資したカネが、北朝鮮を経由してABB社をはじめとする欧米企業に流れたわけですからね。最初からそれが狙いだったのだと思います。ところで先ほど2000年にBNFL《英国核燃料公社》がABB社の原子力部門を買い取り、それをBNFL《英国核燃料公社》の子会社であるウェスティングハウスと統合させたことを話しましたが、実はこの年に北朝鮮はイギリスとの国交樹立を宣言しているんですよ。つまり北朝鮮での核プラント事業が、イギリス国100%出資の会社であるBNFL《英国核燃料公社》の傘下に移管された年に、両国は国交を開始したわけです。これはあくまで僕の推論ですが、2001年にイギリスの金融庁が北朝鮮向けの開発投資ファンドを認可していますので、核技術と石油採掘権を交換する両国の密約があったのではないかと思います。

――アメリカが北朝鮮に提供した核施設はどうなったのですか？

建設は中断されているようです。北朝鮮が極秘にウラン再処理計画を進めたことから「米朝枠組み合意」は破棄となり、２００６年には「朝鮮半島エネルギー開発機構《KEDO》」も清算されました。そしてこれにより日本が融資した１０００億円のうち約半分が不良債権になったわけですよ。もっともこれまでニホンから北朝鮮に渡ったカネの総額からすれば全く微々たるものですが。

5　北朝鮮の本体は日本であるという意味

――以前からパチンコや統一教会絡みのカネが北にわたり、ミサイル開発や軍事費などに充てられていると指摘されていますよね。

93年の国会で自民党の武藤嘉文が「パチンコの金が何千億と北朝鮮に行っている」と答弁しているんですよ。業界の1割から2割くらいが北朝鮮と通じていると言われていますが、いずれにしろ23兆円という巨大産業の一角が北への送金に関与していることは間違いないでしょう。ちなみに（2018年2月現在）業界団体である「パチンコチェーンストア協会」の政治分野のアドバイザーとして自民党の議員が23人、日本維新の会の議員が7人、希望の党の議員が6人、民進党の議員が4人、立憲民主党の議員が3人参画しているのですが、これには山本有二や野田聖子など大臣経験者も名を連ねています。連中は国政の場で「北朝鮮のミサイルはけしからん！」とか騒ぎながら、その裏で北へカネを送る便宜を図っているという。これが「美しい国」の実態ですよ。

――真偽はともかくとして金日成は「毎年の軍事予算6000億円のうち約4000億円は日本のパチンコ業界から送金されるものだ」と公言していたそうですが。

現に自民党は「遊技業振興議員連盟」、民主党は「娯楽産業健全育成研究会」という団体を設立していましたからね。要はパチンコ業界に諸々の目こぼしをする代わりに献金を貰うシステムを作っていたわけですよ。これには警察官僚のトップも絡んでいるわけだから、公安調査庁もカネの流れを遡及できないでしょう。有名ブロガーの山田博良《ネットゲリラ》さんが「北朝鮮の本体は日本にある」とおっしゃっているのですが、それはこういうことを意味しているわけです。そもそも日本の政治家や官僚がパチンコ屋と一緒になって北朝鮮にカネを送り、それが核の開発資金になっている件は、アメリカの国防総省にも指摘されていますからね。

――新聞社やテレビ局もパチンコ業界から莫大な広告費を貰っているからそのような事実を報道できません。アメリカもずっとそれを見逃してきたわけですから、結局みんなグルだということです。

いわゆる「利益結節としての国際政治」です。そもそも北朝鮮が大人しい普通の国になってしまったら、アメリカは自国の軍事予算を引き上げることも、日本や韓国に兵器を売ることもできなくなるので、これは非常にマズイわけですよ（笑）。この件については後程詳しく話します。

——日本は上手く利用されているわけですね。東芝がウェスティングハウスの買収で大損した一件も、おそらく彼らの策略によるものでしょう。

2006年当時ウェスティングハウスの評価額は大体18億ドルだったのですが、東芝はBNFL《英国核燃料公社》から実にその3倍の価格で買取っているんですよ。その頃はブッシュ政権が原発事業への莫大な補助金や税制の優遇をぶち上げていたし、経済産業省や資源エネルギー庁などの後押しもあったことから「東芝は強気の判断をした」と言われていますが、もっと大きな圧力が働いたのではないかと思います。しかし買収といっても役員13人のうち日本人はたった2人だったそうで、要は名義を取得しただけで経営権を取得するには至らなかったわけですね。

――「金は出しても口は出すな」というわけですね。

そもそもなぜ米英がウェスティングハウスを日本に取得させたかというと、彼らは原子力発電がオワコン《時代遅れ》だと判断しているからです。要は用済みになった原発企業を日本に高値で引き取らせたというわけですね。今後はアメリカもイギリスも主要発電をＬＮＧ《液化天然ガス》やシェールガス（海底や地下の岩盤に含まれる天然ガス）にシフトする方針でしょう。現実としてＢＮＦＬ《英国核燃料公社》がウェスティングハウスの売却を余儀なくされたのも、ＬＮＧ発電との競争で劣位に立ち経営が悪化したからです。いずれにしろ福島の悲惨な実態が各国に知れ渡ったことから、90以上の原発の新造計画が中止となったとおり、今や原子力発電は完全な斜陽産業です。

――つまり東芝は体よくスポンサー《カネヅル》にされたわけです。

２０１５年に東芝はウェスティングハウスを通じ、ストーン・アンド・ウェブスター《S&W》という原発関連企業を３０００億円で買収したのですが、それが５０００億円もの負債を抱えていたのですよ。これにより東芝が経営危機に立たされたのは周知のとおりです。結局、彼らは一連の買収劇を通じ１兆円を毟り取られた恰好です。

――このような原子力企業の買収事件《スキャンダル》を含め、一連の出来事をどのように捉えればいいのでしょうか？

やはり「それによって誰が儲かったのか」ということです。ここで一回整理しましょう。「米朝枠組み合意（日米韓による北朝鮮の核施設建造プロジェクト）」を端緒として、ABB社は北朝鮮に軽水炉施設を納入すると同時に原子力部門をBNFL《英国核燃料公社》に売却しました。そしてBNFL《英国核燃料公社》はそれを子会社のウェスティングハウスと合併させた後に東芝に売却しました。そして東芝はウェスティングハウスを通じてストーン・アンド・ウェブスター《S&W》の莫大な債務を押し付けられました。結局この図式において儲かったのは軍需と金融と政治の複合体です。そもそもABB社もウェスティングハウスも軍事のコングロマリット《多角化企業》ですからね。結局のところ各国の政治家や官僚も彼らの差し金で動いていたわけです。いずれにしろ構造主義（カネと人間と組織の連関から事物を捉える立場）の視点に立たなければ本質は全く理解できません。

6 擬制の対立が歴史を紡ぐ

——世界は見せかけの対立とは裏腹に利害で繋がっているわけですね。そしてそれによって儲かる国もあれば、日本のように食い物にされる国もある。

ちなみに僕はＣＯＣＯＭ（対共産圏輸出規制委員会）時代にＩＢＭの大型汎用機《メインフレーム》を扱っていたのですが、当時ですら中国の科学院などに（ミサイルの弾道計算などに使われる）アメリカ製の高性能コンピュータが導入されていました。もう時効だから白状しますが、当時僕の会社は中国人留学生を預かり、汎用機のオペレーションやメンテナンスを教育していたのですよ。だから僕は世界が本音と建前の二層から成ることを経験的に学んでいるわけです。

——それは全く驚くべき話ですよ。みんなアメリカと中国とは仲が悪いと思っていますからね。現に朝鮮やベトナムで代理戦争みたいなことをやってきたわけで、おっしゃることが事実だとすれば世界観がひっくり返ります。

元ランド研究所のM・ピルズベリーという人物が、「アメリカはニクソン時代から中国に高度ハードウェアや技術を提供している」と暴露しているんですよ。彼によると国防総省の専用機が中国に直接軍事機材を搬入するケースすらあり、人民解放軍のレーダーなどもこれによって整備されたものだそうです。いずれにしろ80年代以降はロナルド・レーガンが対ソ連の牽制策として「安全保障決定令」に署名したことから、人民解放軍へのミサイル技術の提供も半公然となりました。そしてこのような諸々の事情によってCOCOMが骨抜きにされ、やがて僕自身が共産国向けのハイテク機器輸出に関わったというわけです。

――対立する国同士の協調は当たり前のように行われていたのですね。

このエピソードは両建構造のミニチュア的な一例であると同時に、地球的な「重複のメンバーシップ（集団の対立を利益の共有によって解消する主義）」を証明する事例なのだと思います。言ってみれば「極微に極大が潜む」とか「一滴の水に宇宙を見る」みたいな感じでしょうか。

——しかし一般には事実として受け入れられません。みんな頭が常識でガチガチに固まっていますから。

歴史を概観すれば敵国同士が経済利益のために一致協力することは全く珍しくありません。例えば17世紀のオランダの商人は当時の敵国であるポルトガルに兵器を輸出して莫大な富を蓄えていましたし、近代ではアメリカの金融界がドイツ債を売りさばいてナチス党に資金を供給していました。

——つまりアメリカの金融家が自国と敵国に投資する形で第二次世界大戦が勃発した。

そうです。発端は1924年にシカゴの銀行家チャールズ・ドーズが中心となり、ドイツの復興計画を策定する会議を開催したことなのですよ。これは後に「ドーズ会議」と呼ばれます。当時のアメリカはドイツに貸し付けていた第一次大戦の戦費を回収することが急務だったし、ドイツの没落をきっかけに欧州全域が共産勢力に呑み込まれることを警戒したわけです。結局「ドーズ会議」を契機としてドイツ中央銀行はアメリカの金融資本の傘下に組み込まれ、J・P・モルガンが主幹事となりドイツ復興債を発行することになりました。

――そんなことは全く知りませんでした。この件は歴史書から抹消されているわけですね。

それから全米で一大ドイツ投資ブームが巻き起こり、アメリカからドイツに莫大な資本が流れ込むわけです。当時のアメリカ大統領だったクーリッジなどは「この投資は我国に莫大な市場をもたらす!」とか言って国民に対ドイツ投資を呼び掛けていたほどです。これに際しシティ、ディロン・リード、そしてジョージ・ブッシュの祖父であるプレスコット・ブッシュが役員であったハリマンなどの投資銀行は凄まじい利益を得ました。

――その意味ではアメリカがヒトラー政権のスポンサーだったと言えますよね。つまりアメリカの金融がナチスを育てたようなものです。だとすればまさに両建構造です。

現実としてナチ党が台頭した1929年頃から1940年までの間に、アメリカの対独投資は48%も増えているんですよ。これは同時期の対英投資の実に20倍という規模です。つまりヒトラーがチェコやオーストリアやベルギーやフランスなど周辺国を侵略する最中において、アメリカはずっとナチス・ドイツにカネを送り続けていたわけですね。そしてドイツではこれを資本に100を超える独米合弁企業が設立され、アメリカから産業技術《イノベーション》や資源がドンドン注ぎ込まれたわけです。

――ここらへんの事情は今の情勢とよく似ていますよね。アメリカ政府は北朝鮮を「ならず者国家」と非難しながら、その裏では手を携えて諸々の経済プロジェクトを推進しています。

そのとおりです。当時はスタンダード石油が製油所を建設したり、フォードが軍用車を提供したり、ITT（国際電話電信会社）がレーダーを供給したり、GMが航空機を造るなどしてドイツを軍事支援していたわけです。そもそもナチスの電撃作戦は途方もない「物量作戦」だったわけで、これはアメリカから莫大な資金援助を受けていたからできた芸当ですよ。そして現代では金正恩が同じようにアメリカの産業界をバックに周辺国を威嚇している。

――安倍晋三は日本のヒトラーなどと言われていますが（笑）。

本当の権力者ではなくアジテーター《扇動者》に過ぎないという点において両者は同じだと思います。今の世界でも当時の世界でも、国策を決定するのは政治家ではなく企業家や投資家ですから。例えば安倍晋三の答弁書の漢字の殆どに振り仮名が添えられているとおり、それは彼が自分の頭で考えて書いたものではないわけですよ。またヒトラーの自伝である「我が闘争」の原稿なども幼稚なスペルミスや文法の誤りだらけで、到底知的水準の高い者によって書かれたものとは考えられないそうです。そんな風に饒舌だけど無内容な人間というのがいるんですよ。僕はこれを「雄弁な白痴」と言っているのですが、要するに支配層は昔からそんな連中をトップに据えて裏から操っているわけです。

――アウシュビッツなどもアメリカの資本が絡んでいたのでしょうか？

強制収容所は無賃労働者を確保する手段でもあったのですが、それを徴用した化学メーカーIG・ファルベンはロックフェラー系のナショナル・シティ銀行の傘下にありました。ちなみにIBMは収容所管理システム「ホレリス」2千台とパンチカード15億枚を供給しているんですよ。だからアウシュビッツはアメリカ資本によって運営されていたも同然です。「ナチスの本体はアメリカだった」と断言してもいいくらいです。

7　敵対する双方に投資して儲ける

――このような重要な歴史事実もどうせまた陰謀論だとか言われるのでしょうが。

だったら「誰がナチスのファンドレイジング《資金集め》をやっていたのか答えろ」と言いたいですね。第一次世界大戦が終結した当時、ドイツは「ベルサイユ条約」によって途方もない賠償金を課され、欧州の最貧国に転落していた。ところが10年少々の間にアメリカ、ソ連、フランス、イギリスの連合を相手に戦争するだけの資金を蓄えた。このカネがどこから来たのか説明しろ、ということです。

――全くそのとおりだと思います。アメリカ金融界の支援が無ければ、ナチ党はあれほどまでに台頭できなかったでしょう。

歴史というのは小さな偶然が重なって大きな事件に発展する過程です。だからそれを後で検証すると、あたかも全てが事前に計画されていたかのように錯覚することが多々あります。そしてそこから陰謀論説が生まれる。しかし、ウォール街の金融家がアメリカとドイツの双方に投資をして、それが大きな端緒となり世界戦が勃発したのは事実です。しかもその間にはソ連向けの兵器輸出にすら彼らの資本が用いられていた。こうして彼らは莫大な利潤を手にしたばかりでなく、その後のマーシャル・プラン《欧州復興融資》でも稼ぎまくった。このような世界戦に関わる金融の動きを偶然と片付けるのは陰謀論よりも無理があると思いますよ。例えるなら、砂漠で複数の直線が何十キロも並行に走っているとしたら、それが自然ではなく人工の痕跡だと判断するような感覚です。

——我々が学校で習う歴史は全く上辺のものだということです。おっしゃるとおり、世界はずっと擬制の対立によって動いている。

ちなみに大戦中には連合国と枢軸国がスイスに国際決済銀行《BIS》を設立し、占領地で略奪した物品を換金して投資家に配当するなんてことをやっていた。信じられますか？　殺し合いをやっている国の人間たちが、同じオフィスで机を並べて金融業を営んでいたのですよ。そしてその後の冷戦時代においては、対立しているはずの米ソ両国がアメリカ・ロシア社という合弁企業を立ち上げ、シベリアなどで採掘したウランを（核弾頭の原材料として）互いに供給し合っていました。冗談のような話ですが、これは事実ですからね。

――いずれにしろ「対立を偽装しながら経済利益を得るという方式」が現在まで引き継がれていることは間違いありません。

そういうことです。イラン・コントラ事件（米国の中央情報局が戦争相手国であるイランに武器援助していた事件）などはその典型ですよ。イギリスとアルゼンチンが対決したフォークランド紛争なども、市場原理主義を推進するサッチャー政権の支持を取り付けるための擬制《ヤラセ》でした。当時のアルゼンチンも多国籍資本による傀儡政府が樹立されていましたから、要は二国が同じイデオロギー《体制》を推進するための協調行動だったわけです。

――日本の近代史も資本という視点から捉え直さなければなりませんね。

大戦末期にソ連が北方領土を占領する際も、アメリカが彼らに戦艦を無償供与していたのですが、結局そうやって戦後も日ソの緊張を煽ることによって兵器市場を拡大させ、さらには米軍を駐留させる根拠を作り続けてきたわけです。

――まさに両建構造ですね。対立する双方にカネとモノを出して漁夫の利を得るわけです。

僕は日米開戦も両建構造によるヤラセだと考えているんですよ。例えばその口火となった真珠湾事件は日本軍の奇襲が成功したかのごとく伝えられていますが、そもそも米国側の主たる損害は第一次大戦の老朽艦16隻（それも攻撃しやすいようわざわざ一列に並べていた）程度です。戦力の主体である新鋭艦19隻と2隻の空母は外洋に避難し無傷でしたから、結果としてそれはアメリカが第二次大戦に参戦する口実を与えただけの恰好となりました。

――日本軍の動きが事前に察知されていたと指摘する歴史家は多いですよ。

当時はすでに艦載レーダーも開発されていましたから、航空母艦、駆逐艦、戦艦が20隻も連なる巨大艦隊の接近が探知できなかったとは到底考えられないし、数百万人が関わるそのような巨大軍事プロジェクトを完全に秘密裡で実行することも不可能だったでしょう。しかも国際社会はその70年も前に太平洋から大西洋を跨ぐ電信ケーブルを敷設し、第一次ＩＴ革命を果たしていたわけですから、開戦前夜の日本の動きはリアルタイムで筒抜けだったのではないかと思います。そもそも15世紀中頃にはイギリス王室が欧州全土に跨る情報網を構築していたことからすれば、近代のそれがイノベーションによりどれほど飛躍的な発展を遂げていたのかは容易に想像できます。

――たしかにおっしゃるとおりですね。「奇襲攻撃を受けた」という文脈には相当に無理があります。

それだけでなく三菱重工を中心とする当時の日本の軍需産業は（ロックフェラー系の投資銀行である）ディロン・リード社から莫大な融資を受けていたのですよ。だからこのような事情からすれば、彼らは目論見書（資金調達のため出資者に提示する事業計画書）を通じアメリカ側に全軍事情報を提供していたも同然です。常識として事業の詳細を説明せずにカネを借りるなんてことはできないし、事業内容も精査せずカネを貸す銀行もありません。ちなみにディロン社は同じ時期ナチス・ドイツにも融資をしています。日米開戦が両建構造によるヤラセだったとはそういう意味です。結局のところ、歴史は政治ではなく金融によって動いているんですよ。

――学校ではそんなことを絶対に教えませんからね。近代史について説明が浅いのも占領政策《GHQコード》に拠るのかもしれません。古代王朝の墳墓の種類よりも、そっちの方が1000倍重要なのですが。

戦後GHQによって解体された財閥がその後ただちに再編された事情とは、ディロン社の申し立てによって貸付金の回収を図るための措置だったと言われています。いずれにしろ同社は連合国と枢軸国の双方に戦争資金を提供することにより莫大な利潤を確定したわけですから、「日米開戦が両建構造に拠るものである」という仮説は極めて強力なのだと思います。そもそも当時の国防長官であったジェームズ・フォレスタルは、開戦の直前までディロン社の社長を務めていた人物ですよ。これはもはや銀行屋が各国にカネを貸した後に世界戦争を主催したも同然と言えるでしょう。

――そのような国際政治のカラクリは現代も変わっていませんよね。現実としてグローバル金融はアメリカと日本と北朝鮮という三国に投資している。

そのとおりです。ちなみに日米安保の成立にもディロン社が絡んでいたと言われています。現に日本兵器工業会（現日本防衛装備工業会）は彼らによって結成されているんですよ。当然これらの会員企業はアメリカ製の兵器を扱っています。そして自衛隊はこの組織を通じてのみ装備を購入するとおり、日本の軍隊ひいては国会そのものが今なおグローバル金融の統制下にあると考えるべきでしょう。

――そうなると国の存在意義が揺らぎますよね。

歴史学者のブローデルは「国家はあるのか?」という言葉を記していますが、「国家はあるけれど、それはあくまで資本の道具としての国家である」というのが僕の見解です。そもそも社会は国家や政治という単位ではなく、企業と資本という単位で動いているのですよ。これはもう先験的《アプリオリ》事実と言っていい。だから北朝鮮を考察するにしても、まずは世界観の誤謬を正すことから始めなくてはなりません。

8 「大きな物語《グラン・レシ》の終焉」を知ること

――イスラム国なども軍産複合体《ネオコン》によるヤラセではないかと指摘されていますが。

現実として彼らはアメリカの同盟国であるトルコの港湾で武器や物資の供給を受け、その領内を自由に行き来していたわけです。このところ掃討作戦によって壊滅寸前と報道されていますが、おそらく偽装テロ組織であることが隠し切れなくなったゆえの解散ではないでしょうか。ウラジーミル・プーチンやヒラリー・クリントン、各国の研究グループや報道機関などもこの件《ヤラセ》を告発していましたからね。要するにイスラム国は「米ソの冷戦に代わる新しい危機」として軍産複合体《ネオコン》によって捏造された、と世界は見ているわけです。そもそも目立ってはならないテロリストがですよ、揃いの黒マスクを被りトヨタの4WDに旗立ててパレードするとかオカシイじゃないですか（笑）。彼らのコスチュームとか見ると、ハリウッド映画に出てくるテロリストそのまんまの恰好ですからね。あまりにもステレオタイプ過ぎて恥ずかしくなる程です。

——言われてみると国際問題は腑に落ちないことが多いですよね。マスコミは一面的な報道しかしないけれど、よくよく考えると確かに矛盾したことばかりです。

例えば憲法改正議論に発展するほど北のミサイルが問題視されながら、日本の財務相である麻生太郎の出自である麻生グループが北朝鮮事業に投資をしているわけです。第二次大戦中ジョージ・ブッシュの祖父であるプレスコット・ブッシュがIG・ファルベンなどのナチ企業に莫大な投資を仲介していましたが、今の日本の政財界も同じようなことをやっているわけですよ。繰り返しますが彼らはミサイルが発射される準戦時状態にありながら、北朝鮮での合弁事業を殆ど凍結しようとしない。欧米各国だって資源開発事業を殆どストップしていないでしょ？　これらに投じられた資本が間接的に核開発や兵力の増強に使われるにもかかわらず、ですよ。

——カネの流れから歴史や現実を捉えなくてはならないということですね。イデオロギーなんていうのはまやかしです。

人類史にイデオロギー対立が引き起こした戦争なんて一つもないんですよ。例えばベトナム戦争をとってみても、アメリカはフランス領の独立運動に介入して兵器や物資を大量消費することが目的だったわけで、資本主義が勝とうが共産主義が勝とうがどうでもよかった。そして戦勝国となったベトナムも、結局は共産主義を骨抜きにされ拝金主義を導入し、アメリカ型の市場経済に移行したわけです。

――確かに体制という枠組みで世界を読むことはできないと思います。

そもそもコミュニズム国家に株式市場(労働者ではなく投資家の利益を絶対とするシステム)があること自体矛盾でしょう。仮にそれが外資を呼び込むための手段であったとしてもです。まして中国やロシアに至っては何億人もの犠牲の上に築いた社会主義体制をかなぐり捨てて市場経済を導入したわけですから、カネの前では思想も信条も全く無力だということですよ。つまりマルクス・レーニン主義も毛沢東主義も主体《チュチェ》思想もマネーに平伏した。「イデオロギーは堕落しやすい」とは、そういう意味です。

——国同士が対決するなんて話は全部ウソだと考えなくてはならないと。

ボードリヤールは国家対立という虚構を「意識操作の劇場」と表現したのですが、北朝鮮のミサイル騒動などはその最たるものでしょう。しかし僕はもっと広義な視野においてバイナリズム《二項対立観念》を捨て去るべきだと考えているんですよ。例えば、資本主義と共産主義は対立しない、与党と野党は対立しない、権力と報道は対立しない（官邸と記者クラブは対立しない、資本とジャーナリズムは対立しない）、右翼と左翼は対立しない（保守とリベラルは対立しない）、経営と組合は対立しない、議員と検察は対立しない、日本会議と統一教会は対立しない、警察と犯罪は対立しない、国家とテロは対立しない、体制と文化は対立しない（時代とロックは対立しない、暴政と文学は対立しない）といった具合です。ちょっと禅問答じみていますけども、これが真理だと思います。

——対立に見えるものは全部プロレスみたいなものだということですね。もっともそのような観念を突きつけられても大抵の人は考えを改めるところまでには至らないでしょうが。

リオタールはそれについて「大きな物語の終焉」と表現しています。つまり、体制の違いをめぐり国同士が対立するなんてことは20世紀の御伽噺《おとぎばなし》じゃないか、対立する者たちは裏で手を握り合っているじゃないか、そうやって民衆はずっと騙されてきたじゃないか、いい加減こんなバカげた作り話を信じるのは止めようじゃないか、という主張なわけですね。ましで北のミサイル事件で攪乱される我々はなおのこと「大きな物語への不信」を掲げなくてはならない。しかし民衆の頑迷は新聞・テレビ・学校などのイデオロギー装置により連綿と作られてきたものです。だからおっしゃるとおりパラダイム《認知的枠組》を変えることはまず不可能でしょうね。つまり我々はずっとこのままです。

第2章

ミサイルが発射される度に資産が増える仕組み

9　北のミサイルは何のために発射されているのか

——そろそろ本題に入りましょうか。結局のところ、北朝鮮はどのような意図で日本にミサイルを発射しているのでしょうか？

様々な事情が輻輳《ふくそう》していますが、第一の目的は改憲です。それによって戦争国家を作り、兵器産業の市場を拡大させる狙いなわけですよ。つまり金正恩は「北朝鮮がミサイルを発射する危険な状態なのだから、憲法を改正してこれに備えなければならない」という文脈作りに貢献しているわけです。言い換えるとこれは日米北の政府が共同して軍事費を引き上げるための「皮下注射モデル（即効的な世論操作）」であるわけです。

——実際に北のミサイル脅威論を受け、2018年の防衛費は過去最高になる見込みです。またすでにアメリカでも6兆円規模の兵器予算が上積みされています。

だからこれはもう「リージョナル化」と言っていいでしょうね。つまり隣接する北朝鮮と日本の二国がアメリカの描いた絵図のとおり連携しているわけです。

——やはり核心は経済ということですか？

北朝鮮のミサイルが日本に発射された2017年の8月、アメリカの兵器企業トップ10社の株価が全面高騰していました。これはその前年にトランプの大統領就任が決定して以来最高の出来高です。周知のとおりトランプ政権の閣僚は軍事企業のステークホルダー《株式の保有者》ですから、それによって彼らが莫大な配当益や売却益を得ることは容易に想像できるでしょう。それだけでなく、彼らは（北朝鮮脅威を最大に煽った論功行賞として）退官後は関連企業に天下り、法外な役員報酬を手にするわけです。これは9・11同時多発テロを端緒に当時のブッシュ政権の閣僚たちが途方もない財産を築いたのと全く同じ仕組みです。結局、いつの時代も戦争が一番儲かるんですよ。

——たまたま結果としてそうなった、ということはないでしょうか？

昨年の11月にトランプが来日して、（北朝鮮対策のため）迎撃ミサイルや戦闘機を売り込んだ際にもアメリカの軍需株は軒並み高値を更新していました。なかでもレイセオンやロッキードの株価は年初から比較すれば30％値上がりし、ボーイングや（無人兵器に特化した）クラトス・ディフェンスのそれに至っては実に70％近く高騰していました。これはダウ平均の上昇率が15％であることからしても異常な爆上げです。

——逆説的に北朝鮮の脅威がなければ、これらの株価は低迷するわけです。

おっしゃるとおりです。そもそもテロリズムとは敵国が最も嫌がることをすることですよ。ところがこのように北朝鮮は敵国が最も喜ぶことをしている（笑）。現実として日米のエスタブリッシュメントは北のミサイルが発射される度に資産が増える構造です。

——当時の防衛大臣の稲田朋美なんて軍事企業の大株主でしたからね。北のミサイル発射を受け沈痛な顔で会見していましたが、それで益々配当が増えるわけだから、内心はさぞかし嬉しかったでしょう（笑）。

彼女は川崎重工、三菱重工、三菱電機、日立製作所などの軍事関連株を大量保有するステークホルダー《利害関係者》ですから、株価の上昇によってウハウハですよ。だから国民はそのような根本的矛盾をよく考えなくてはなりません。これはある意味、株主価値説（経済社会は投資家の配当を最大にするために営まれるという仮説）の証明的事実ですからね。

――言われてみれば、確かに北朝鮮は日米の経済にとって都合がいい。

それどころか北朝鮮のような「ならず者国家」がなければアメリカの経済は破綻しますよ。軍事はアメリカの基幹産業ですからね。そもそも一定周期で紛争がなければ年間70兆円規模の軍事予算が確保できません。言い換えると戦争が無くなったら「兵器の生産と消費のサイクル」が維持できないわけです。ざっとですが、国防総省と直接取引のある軍事企業《プライム・コントラクター》が2万2千社あり、さらにその下請けとして1万2千社が連なる構造です。直接的に兵器の生産に関わる人口は100万人と言われていますが、これに関係する研究者やロビイスト、SEやプログラマーなどを入れると優に1000万人を超えるでしょう。

――つまり経済を発展させるためには軍需を奮起させなくてはならない。そのためには「脅威」が必要だ。ぶちまけて言うと「敵」を捏造しなくてはならない。

そのとおりです。97年に国防省のOBが集まり「アメリカ新世紀プロジェクト《PNAC》」というシンクタンクを設立しているのですが、直後に彼らは「体制を移行させるには真珠湾攻撃のような事件が必要だ」という趣旨の論文を書いているんですよ。実際その後に同時多発テロ事件が起こり、アメリカは彼らが描いたとおりの社会になったわけです。そうやって社会資本を軍事に優先して傾注する先軍体制と、テロ抑止を名目とする国民監視体制を一挙に築いたわけですね。いずれにしろ世界的な重大事件には「シナリオが先行して在る」ということです。

――プーチンをはじめ9・11がヤラセだと主張する政治家が増えてきましたよね。

そもそもテロの首謀とされたビン・ラディンは、ソ連のアフガン侵攻時代にアメリカから軍事支援を受けていた人物ですよ。その後もブッシュ一族と昵懇の間柄で同じ軍事企業に投資する実業仲間だったわけです。いずれにしろ同時多発テロでは飛行機が激突していない第七ビルがツインタワーとほぼ同期して（あたかも爆破解体のように数分で）崩落したわけですが、こんなことは絶対にあり得ないと世界中の建築家が証言している。だから9・11が本当にテロだったのか疑ってかかるべきでしょう。そしてこのような一連の流れにおいて北朝鮮問題があるということです。

——すべては彼らの計画どおりだと。

要はテロリズムが先進国の経済システムに組み込まれているわけですよ。日本だって例外ではありません。例えば三井物産は軍事投資会社カーライル社と提携関係を結んでいます。そして三井の系列にはミサイルやイージス艦を製造する東芝や石川島播磨などがあります。また近年はレイセオン社と三菱電機がレーダーを共同開発しています。このように日本の経済もアメリカの戦争経済と密接に関わっているわけで、日本の産業界も北朝鮮有事の受益者なのです。

10 政治は軍需産業に乗っ取られた

――いずれにしろ北のミサイル問題を理解するには、アメリカの政界事情を知っておかなくてはなりませんね。

そういうことです。ちなみにアメリカでは２０１０年に「シチズンズ・ユナイテッド」という歴史的な判決が下っています。要は２００２年に定められたマケイン・ファインゴールド法（選挙候補者に対する企業献金の上限を定めた法律）が撤廃され、資本家がヒモ付きを政界に送ることが合法となったわけです。だからすでにアメリカでは国民代表議会が解体され、金持ちが法律や外交を決定するシステムが出来上がっているわけですよ。ドナルド・トランプもこの流れから登場したわけで、要は最初から軍産金融複合体《ネオコンサバティブ》の傀儡として用意されていた人物なのです。現実として彼の献金者《スポンサー》リストを見れば金融、軍事、エネルギーに関わる多国籍企業ばかりですよ。

――アメリカが民主国家なんてまやかしですね。

そもそもトランプは不動産事業に失敗して、今なおドイツ銀行やゴールドマン・サックスに莫大な債務があるのですよ。おまけに中国の銀行からもカネを借りている。そんな人間が大統領になったなら誰のために仕事をするか容易に想像できるじゃないですか（笑）。それに元々アメリカの組閣人事は「猟官制」です。つまり大統領選挙にカネを多く出資した者の順に閣僚ポストを得る仕組みが保障されている。すなわちどう転んでも軍産金融複合体《ネオコンサバティブ》による独裁は絶対なわけです。

――バラク・オバマも「ウォール街の投資物件」などと揶揄されていましたが。

オバマも選挙公約の大半を翻し、多国籍資本に言われるままの政策を推進しましたからね。オバマが使った軍事費はイラク戦争を引き起こしたブッシュ政権よりも多かったのですが、退任の間際には１００兆円のミサイル防衛計画まで承認しています。ちなみにこれは彼が削減した福祉予算と同じ額です。そして後任のトランプ政権も軍事費を拠出するため公的債務をさらに累積させると宣言しています。このようなケースからもアメリカという国が何者に支配されているか容易に理解できるでしょう。

――いわゆる「ネオコン支配」ですよね。それほど酷い状態なのでしょうか？

国防長官のジェームズ・マティス、中央情報局長官のマイク・ポンペオ、司法長官のジェフ・セッションズをはじめ、軍事にかかわる閣僚の全員が兵器産業の関係者です。要は戦争屋が政権運営を担っているわけですよ。そして財務長官、経済会議委員長、商務長官など金融閣僚ポストの全てがゴールドマン・サックスの出自者によって占められています。

――恐ろしい話ですね。日本の政治を決定するアメリカ議会が軍事と金融の寡占資本に掌握されているわけですから。

ちなみに財務長官は財政運営を所轄するだけでなく、金融・経済・税制を策定し、さらには通貨発行権を担い、連邦準備制度理事会《FRB》や国際通貨基金《IMF》の代表すら兼務します。つまり財務長官とは大統領を凌ぐ宗主国の権力なのですが、このポストは過去30年以上にわたりゴールドマン・サックス、メリルリンチ、シティバンクの出自者（あるいはそれらの関係者）による交代制なのです。そして彼らの投資物件として兵器メーカーが連なるという構造です。

――金融家と軍事産業の連合がアメリカ政界ひいては世界権力の核心であるわけですね。彼らの前では国家元首など子どもの使いのようなものです。

そういうことです。大統領なんて言われたとおりのことをするだけの存在です。繰り返しますが大統領補佐官、国防長官、中央情報局長官、司法長官、内務長官、国家通商会議議長などのポストの全てが軍需産業の関係者で占められています。そのうえ国務長官にはエクソン・モービルの元CEOが抜擢されている。このようにトランプ政権とは金融・軍事・エネルギーという鼎談《ていだん》（三者支配）の復権であるどころか、世界を破壊と混沌の渦動に巻き込む恐怖体制の再現と言っていいでしょう。そもそもイラク侵攻はこのような連合によって実行されたのですから、また同じような災禍が引き起こされることは間違いありません。

11　大きい矛盾ほど見過ごされる

――安倍晋三がピンチになるとミサイルが飛んでくるという指摘もありますが（笑）、やはり偶然ではないのでしょうね。

そうだと思います。２０１７年の衆院選前にはJアラート《空襲警報》が発令され、電車の運行停止や休校が各地で相次ぎましたから、国民を恐怖に陥れる心理的効果は十分だったでしょう。もっともその間、総理大臣は取り巻きとゴルフや宴会をやっていたわけですが（笑）。結局あれで加計スキャンダルがウヤムヤにできたし、選挙の争点を北朝鮮問題にすり替えることができたわけです。

――そしてシナリオ通りに自民党が大勝しました。

昨夏のミサイル騒動は〝狂人的な独裁国家が核弾頭をニホンに向け発射準備しているのだから、防衛を第一の公約とする保守党に投票しなければならない〟というクレデンダ《正当化の文脈》として機能したわけですよ。現に麻生太郎は「衆院選で勝てたのは北朝鮮のおかげだ」と公言しています（笑）。逆に僕が質問したいのですが、こんな都合のいいことが偶然に起きると思いますか？

——確かにおかしなことが多いと思います。

麻生ラファージュセメントが北朝鮮のサンウォンセメントと提携関係にある件を話しましたが、そのように日本国の副総理が出自企業を媒介に（仮想敵国である）北朝鮮に資本投下するという欺瞞です。これほどの関係からすれば選挙前に二国間でミサイル発射に関する調整が図られたとしても不思議ではないでしょう。そもそもセメントとは基地や要塞や空港や港湾などの建設に絶対不可欠な軍事物資ですよ。そのように仮想敵国を増強する資本や技術を日本側が提供するなど全く馬鹿げた話でしょう。

——これはまさに「根源的な両立不可能性」であり、北の脅威論がいかに狂っているかという証左ですね。

ちなみに麻生ラファージュセメントにはフランスのロスチャイルド資本が投下されていると指摘されています。そしてご存知のとおりアメリカの連邦準備制度理事会《FRB》にもロスチャイルドの資本が注入されています。つまりこの一件を取り上げるだけでも、アメリカと北朝鮮間における両建構造（対立する双方に投資して利益を得るシステム）が証明できるわけですよ。

――「矛盾は大きいほど見過ごされる」と言いますが、そのような資本と政治の仕組みは盲点になっているわけですね。

論証学（論理的な議論の展開法）的に考えれば、北朝鮮と日本のエスタブリッシュメントは「地位の相互交換」を果たしていると言えるでしょう。つまり自民党政権と金政権は擬制の対立によって互いに権力を保障し合う関係にあるわけです。そしてＣＮＮによる一連のミサイル報道が絶大なプレゼンス効果（現場から実況中継することにより臨場感が増すこと）をもたらしたとおり、（兵器市場の拡大を目論む）アメリカのメディアがこれを強力にバックアップするという構図です。

――だとすれば、我々はテレビで一体何を見せられているか分かったものではありません。

ポストモダン哲学者たちが「幻影の時代」とか「世界像の時代」などと表現しているとおりです。つまり我々が見ているものはドキュメンタリー《事実記録》ではなくモキュメンタリー《虚構記録》であり、現実ではなく仮想現実だということです。この次元を過ぎるともはや映像すら不要となり、「北朝鮮からミサイルが発射された」というアナウンスだけでそれが事実として流通します。このような状況を「シミュレーションの第三様態」と言いますが、そうなると我々は頭を失ったアヒルも同然です。

――やはり北朝鮮のミサイル事件については、各国の政府が裏で繋がっていると考えるのが妥当かもしれませんね。

日本と北朝鮮とアメリカに跨る極めてシントニック《同調的》な動きがあることはもはや疑いないでしょう。でなければ現象を説明できない。つまり選挙や法案の審議や予算編成に合わせて、いつどのタイミングでミサイルを撃ち込むか、事前に事務レベルで調整されている。その位に考えていいかもしれません。何度でも繰り返しますが、そもそも国と国が対立する、体制と体制が対立する、民族と民族が対立する、イデオロギーとイデオロギーが対立する、などという観念そのものが誤謬なのですよ。

――そういえば大英博物館ではネーサン・ロスチャイルドが署名したカール・マルクス宛ての小切手が展示されていたそうです（笑）。

ロシア革命なんて西側の資本によって達成されたようなものですよ。史実としてロスチャイルドとロックフェラーがレーニンとトロッキーに資金を供与していたわけですから。ソビエトが建国された後も、欧米の投資家がボリシェヴィキ債を購入していました（笑）。このように歴史をみれば両建構造（対立する二項をデッチあげて体制をより強化する営み）はずっと支配の道具として利用されてきたわけで、そのような「八百長の原理」は国内政治も国際政治も全く同じです。これを理解するにはヘーゲルの弁証法を理解しなくてはなりません。つまり支配層は体制《テーゼ》に反体制《アンチテーゼ》をぶつけることにより、さらに盤石な支配体制《ジンテーゼ》を築くという論理なわけです。米ソの冷戦などはその最たるものでしょう。これにより兵器ビジネスが基幹産業化し支配層に天文学的な富をもたらしたわけですから。

——一般国民にしてみれば全く現実感のない話でしょうが。

ちなみに2017年には石川製作所、豊和工業、東京計器、興研、細谷火工、旭精機、日本無線、日油などの防衛銘柄の空売りが指摘されています。つまり北朝鮮がミサイルを発射する(それによって防衛株が上がるという)事前情報を得た連中が法外な利益を得たわけですが、これにはおそらく政権関係者も絡んでいると思います。

——だとすれば国家ぐるみのインサイダーですね。

安倍晋三なんて普段は官邸で暮らしていないのに、ミサイルが発射される日に限って早朝から官邸で会見していたじゃないですか(笑)。要するに前の晩から会見に備えて泊まり込んでいたわけでしょ? テレビ局や新聞社だって前日から準備していたわけで、これはもう「晋ちゃん、明日の朝にミサイルを撃ち込むからね」と正恩から連絡が入っていたとしか思えない(笑)。日本という国はこんなコントみたいなことを大真面目にやっているわけですよ。あまりにも馬鹿馬鹿し過ぎるから現実感が無いのでしょうが。

12 目的論《テレオロジー》から北朝鮮を語れば

――ミサイル問題はヤラセと断定してよろしいのでしょうか?

僕の見解としては間違いなくヤラセですね。軍産金融複合体《ネオコン》はアメリカの議会を睥睨するだけでなく、支配地域の政治をも決定しているわけで、そのような世界的な権力構造《ヒエラルキー》に北朝鮮も日本も与しているということです。つまり北朝鮮を「ならず者国家」に仕立て上げ軍需を奮起することにより、兵器企業や投資家がボロ儲けしようという魂胆でしょう。つまるところ北朝鮮のミサイル騒動とはトランスナショナル・ポリティクス(多国間に跨り連携する政治)の所産なのです。

――国連が介入して北朝鮮問題の解決を図ることはないのですか?

国連常任理事国であるアメリカ、フランス、イギリスなどは兵器輸出国なのですよ。この三国だけで世界の武器市場の80％近いシェアを占めている。つまり国連そのものが軍産金融複合体《ネオコン》であるわけです。だから彼らは紛争を収束させるのではなく、真逆に煽り立てることにより兵器産業の利益を図る立場なのだと捉えなくてはなりません。

——戦争経済の枠組みから北朝鮮問題を捉えなくてはならないと。

重要なことは目的論《テレオロジー》において北朝鮮を検証することです。つまり何のために、どのような目的で、北朝鮮という国が存在させられているのかという視点が重要です。

——さきほどおっしゃられたように、「ならず者国家」を演じて日米の軍事費を引き上げるのが北朝鮮の役目だということですね。

そのとおりです。ちょっと専門的な話になりますが、これについてはI・ウォーラーステインの「世界システム論（世界が支配国と被支配国の分業体制によって営まれるという説）」や、A・ネグリ、M・ハートの「帝国論（資本帝国に各国は併合された状態にあるという説）」などを知っておく必要があります。もっともそんな難しい話ではなく、要するに世界が国家や政治という単位ではなく、資本や企業という単位で動いているという論理です。現実に日本やアメリカの政治家を見ても、誰一人として国民のために働いていないじゃないですか。増税や社会保障の切り捨てで捻出した何百兆円ものカネを、グローバル企業の減税や破綻した投資銀行の救済とかにぶち込んでいる。

――そうなると「国」という観念そのものを根本的に見直さなくてはなりません。

おおよそ三つの国家観があると思うのです。つまり民族の政治的統一機構あるいは文化の有機体と捉えるヘーゲル的な捉え方。搾取する階級の道具的な機構であるとするマルクス的な捉え方。そして多国籍資本という「帝国」の諸コミュニティに過ぎないとするネグリ&ハート的な捉え方がある。それぞれに根拠があるのですが、北朝鮮問題を理解するには後者二つの視点が不可欠です。つまり国家は国民のためではなく多国籍資本のためにあるという前提に立たなくてはならない。これはひとつの「認識論的切断」ですよ。すなわち北朝鮮問題を追究しているうちに「国家とは何か」というさらに大きな問題に直面し、パラダイム《認知的枠組》の転換を迫られるわけです。

13 アメリカの植民地を攻撃する国など無い

――北のミサイル騒動がアメリカ、北朝鮮、日本の三国によるヤラセだという仮説を実証できるのでしょうか？

極めて蓋然性《がいぜんせい》（確からしさ）の高い仮説を述べることができます。アメリカの議会には国防授権法と宣戦布告権がセットで付与されていることをご存知でしょうか？　つまりアメリカの憲法は自国とその同盟国（事実上の経済支配地域）に対する脅威が認められたら、それが兆候の段階であっても攻撃してよいと定めているわけです。要は「予防戦争」を保障しているわけですね。最近のケースではリビアやイラクなどがこれによって空爆されました。いずれも「我国の脅威となる可能性があるかもしれない」という言いがかりのような理由によって戦争を仕掛けられたわけですよ。サダム・フセインなどは国連の核査察を受け入れると公式に表明していたにもかかわらず、攻撃された挙句に国を乗っ取られました。それなのにアメリカは北朝鮮に対して全く軍事行動を取らない。

――確かにおかしいです。しかし日本は独立国であってアメリカの領土ではない。だからアメリカ政府は北のミサイル問題などにも不介入の立場だということではないでしょうか？　もっとも今後は集団的自衛権の適用によってどうなるか分かりませんが。

いや日本はアメリカの経済領土ですよ。もっとはっきり植民地だと言ってもいい。おそらくこの構造は金融を通じないと見えてこないでしょうが。例えば上場企業やメガバンクの主要株主は欧米系の投資銀行だし、東証市場の取引の70%以上が彼らによるものです。だから東証なんてNY株式市場のセカンダリ《第二》・マーケット《市場》だと言ってもいい。そもそも今時代は各社が5%程度の株を握れば、他の株主と協調して議決権を握ることができます。そうやって外資金融は株主連合を作って東証企業を支配しているわけですよ。いいですか、株式が制圧されているということは、企業資産である土地や社屋や工場や生産設備なども間接的に彼らに所有されているということですよ。

――支配の構図が見えないから余計に始末が悪いということですね。

要は「占有と所有の分離」というトリックによって、我々はそれらが自国の経済資本だと錯覚しているわけです。我々に欠落しているのは「所有の抽象性（それを占有しているか、そこに居住しているかどうかではなく、全てはその所有権者によって決定処分されること）」の概念であり、換言するならばそれは「直和（一つの資産に対しては一つの所有権しかないこと）」という資本世界における絶対原則なのです。

――なんでこんなことになったのでしょうか？

小泉改革の時に減損会計（資産を簿価ではなく時価で評価する制度）を強行し、2万円台だった株価を7千円台まで暴落させ、底値になったところで外国のファンドや投資銀行にワーッと取得させたからですよ。当然これらの大半はアメリカ系です。それから安倍政権になって金融緩和で200兆円規模のカネを刷って彼らの株を高く買い取っている。年金だって株式運用で増えているとか言っていますが、利確してみれば途方もないマイナス収支のはずです。つまり宗主国のマニピュレーション《証券市場の操作》によって国富が奪われているわけで、これはもう完全な植民地の構造ですよ。彼らがアービトラージュ《裁定取引》（安く仕入れたモノを高値で売ること）によって莫大な利潤を獲得する一方、日本国は年金の支給ができなくなるほど貧窮しているわけですから。

――植民地とおっしゃられますが、それほど酷いのでしょうか？

15世紀から16世紀にかけて南米の植民地からヨーロッパに黄金２００トン、銀1万8千トンが搬送されたのですが、現代の日本がアメリカに吸い取られる富はこの比ではないでしょう。過去6年少々の間にどれほどのカネが奪われたかを概算してみると、ＯＤＡなど対外支援金名目による損失が70兆円、（政府機関やＧＰＩＦなどの保有する）株式と為替の損失が17兆円、外貨建て債券（引取りを強制された米国債）の損失が20兆円、派遣法改正による賃金損失が１８０兆円。そして外資連合の租税回避は50兆円とも60兆円とも推計されています。いずれにしろこれはスペイン統治下のアステカやインカ、オランダ統治下のインドネシア、大英帝国統治下のインドよりも酷い状態ですよ。

――これでは日本人の生産した付加価値の全てが巻き上げられているようなものです。

マスコミは日本の対外純資産が３４９兆円になったとか、日本が世界1位の債権国になったと浮かれていますが、それはあくまで簿価（帳簿上の数字）に過ぎません。繰り返しますが、ポートフォリオ《抱き合わせ資産》の大半が自由決裁不能なアメリカ国債や、高値で掴まされて処分できないNY市場銘柄などドル建資産ですから、仮に決済したところで年金と同じく途方もないマイナス収支です。今時こんなことは金融関係者の間では常識でしょう。

——株価についてはどうお考えですか？　昨秋には東証平均が2万1千円を突破しました。

あれは選挙を前にした官製相場ですよ。そうやって「自民党の政策が奏功し経済は絶好調だ」という文脈をデッチ上げていたわけですね。実際は年金機構や日銀が外国人所有の銘柄を（1日あたり160億円の資金をぶち込んで）買い取っていたに過ぎず、そうやって国民資産が猛烈に目減りしていることは先ほど説明したとおりです。

——さらに政府はトランプのインフラ事業に17兆円を投資するとか言っていましたが。

根っから奴隷根性が染みこんでいるのでしょうね。そもそもアメリカでいう鉄道会社とは投資会社のことなんですよ。50年代にも全米鉄道網計画がぶち上げられましたが、結局は巨額詐欺事件みたいなことになって出資者はみんな大損しました。だから今回もアメリカに渡ったカネは二度と返ってこないですよ（笑）。

――なるほど。これほどまでに搾取《カツアゲ》できる植民地にミサイルを撃ち込む国をアメリカが放っておくはずがないと。

そういうことです。しかも今後アメリカはSEZ《経済特区》、EPA《経済連携協定》、FTA《自由貿易協定》、TPP《環太平洋連携協定》などを通じ植民地体制を強化する目論見です。そしてさらにアメリカ国債の買い取りを強制する、アメリカ系企業への補助金や還付金などの増額も要求する、アメリカ製兵器の買い取りもさらにノルマ化するでしょう。それだけでなく種子法を廃止して農業も乗っ取る、国保を骨抜きにして医療保険の市場も牛耳る、民営化によってインフラや水道も分捕ろうとしているわけです。だから「これほど途方もないカネを生む（搾取の見込める）自国の経済テリトリーが攻撃されるのを指をくわえて見ている程アメリカは馬鹿ではない」というのが僕の持論です。

――たしかに反論できません。

ちなみに韓国でも同じような矛盾が見られます。「アジアの虎」と呼ばれるほど経済発展した韓国は、97年の通貨危機で壊滅状態に陥り、ＩＭＦから莫大なカネを借り入れました。もっともこれはクリントン政権が仕組んだ金融テロだったのですが。そしてその際ＩＭＦが融資条件《コンディショナリティ》として外資規制の撤廃を求めたことから、財閥グループが解体され、金融機関の90％以上が欧米の金融機関に買収される事態になったわけです。つまり韓国は日本の構造改革に5年先立ち外資の植民地になったわけですよ。そして２０１０年には北朝鮮から延坪《ヨンピョン》島に向け１７０発のミサイルが撃ち込まれるという大事件が発生したにもかかわらず、アメリカはそのような「自国の経済テリトリー」に対する攻撃を看過したのです。

――米韓相互防衛条約があるにもかかわらず軍事的に対処しなかったわけですね。

北朝鮮との地上戦に発展した場合、米軍5万人、韓国の一般市民１００万人が死傷すると推計されますから、アメリカとしては在韓米軍の投入を躊躇したという事情もあるのでしょう。しかし韓国政府はその後もアメリカ指導の下でＳＥＺ（外資による自由経済特区）をドンドン作っているし、釜山で新しい原発を建設しようとしている。しかも平昌《ピョンチャン》オリンピックが開催され、これには北朝鮮も参加している。ミサイルが飛んでくる準戦時状態にもかかわらず、ですよ。つまり北朝鮮もアメリカも韓国も、本気で戦争をやろうなんて思っていない。直言するならば戦争なんて絶対に起きないと確信している。でなければこれほどのプロジェクトが推進されるはずがないでしょう。もっとも韓国の国防部は延坪《ヨンピョン》島事件を契機として、国防予算増加率を従来の年4%から8%に拡大する方針を打ち出しましたから、ここらへんはアメリカの兵器産業の狙い通りになったわけです。いずれにしろ当時の韓国と今の日本の状況は瓜二つですよ。

14　脅威論はかくも馬鹿げている

――確かに北朝鮮をめぐるアメリカの対応は矛盾だらけのように思います。

そもそも日本国内には135箇所の米軍基地が在るのですよ。そしてアメリカ軍人とその家族とアメリカ政府の雇用による民間人が10万人もいる。首都圏には海軍基地が在り第七艦隊も駐留している。東京にはアメリカ大使館やシティバンクやゴールドマン・サックスの支店なども在るわけでしょ。これらに向けてミサイルを撃ち込むというのであれば事実上の宣戦布告じゃないですか？　フセインやカダフィのやっていたことが万引き程度だとすれば、北朝鮮は強盗放火殺人レベルのことを仕出かそうとしている。それなのになぜアメリカは国防授権法を適用しないのか？　なぜイラクやリビアでやったように予防的先制攻撃を仕掛けないのか？　誰も合理的に説明できないでしょう。

――軍事評論家などは北朝鮮ミサイルの精度が向上しているため、アメリカも迂闊に手を出せない、だから対応に慎重にならざるを得ない、みたいなことを言っていますが。

仮に北のミサイルがアメリカ本土に着弾したところで、即時に報復攻撃されて平壊なんて一瞬で消滅しますよ。彼らだってそんなことは分かり切っている。そもそも精度で言えばイージス艦が搭載するミサイルの方がずっと上でしょう。そして第七艦隊はこれをパチンコ玉のように1700発も連射できる。だから一説によるとアメリカが北朝鮮を攻撃すれば20分で終結するという。それだけ軍事力に天と地ほどの差があるわけですね。そもそも北朝鮮はトマホークミサイルを迎撃する程度の防衛システムもないし、ステルス機を探知する程度のレーダーも持たない。そんな弱小国が最高水準の兵器と70倍ちかい軍事予算を持つ国とどうやって戦争するのですか？

――軍事力は経済力であるという論理ですね。だとすれば北朝鮮とアメリカの戦争なんて蟻と象の決闘のようなものです。結局この社会の異常とは、そのような非対称性について全く議論が生じないことなのでしょうね。

しかもこれが対NATO軍となれば、北朝鮮は100倍も軍事予算を上回る連合を相手にしなければならない。ちなみに太平洋戦争時におけるアメリカの（資源や財政、工業生産高などの）国力がちょうど日本の10倍だったそうです。それでも全く歯が立たなかった。連合艦隊が駆逐され、玉砕が相次ぎ、戦争末期には全土が焼かれた挙句に原爆が二発も投下されたわけですよ。だから北朝鮮がアメリカと戦争するとなれば、それはまさに「蟷螂《とうろう》の斧《おの》（カマキリが鎌を振り上げ大輪に挑む無謀の例え話）」そのものでしょう。仮に本気だとすれば北朝鮮民族の集団自殺ですよ。だからこそ北朝鮮脅威論がどれほど滑稽で馬鹿げているのか、そのような愚論の背景に何があるのかを探らなければならないのです。

——北朝鮮のバックに中国とロシアが控えている、だからアメリカは迂闊に戦争できない、という説についてはいかがですか？

昔ながらに社会主義陣営VS資本主義陣営という括りで見ているのでしょう。しかし、すでに中国もロシアも市場経済（株式市場）を導入した事実上の資本主義陣営なのですよ。中国は78年からロシアは91年からアメリカ資本を取り入れ市場化プロジェクトを推進している。しかも（労働権や福祉権など社会主義の骨格を根こそぎ解体する）シカゴ学派の指導の下でアメリカ型の経済システムを導入したのです。この意味がわかりますか？　つまりロシアも中国もカール・マルクスではなくミルトン・フリードマン《市場原理主義の始祖》を「思想の師《メートル・パンスール》」と仰ぎ現代化を達成したわけですよ。

――中朝友好協力相互援助条約についてはどうお考えですか？　これに則るならば、北朝鮮が日本やアメリカと交戦した場合、中国は自動的に参戦することになりますが。

この条約が２００１年に更新された際、中国側は「北朝鮮が先制攻撃をして反撃を受けた場合は支援しない」と解釈変更しているのですよ。つまり中国は北朝鮮が一方的に攻撃を受けた場合には支援するが、北朝鮮側が仕掛けた戦争には不参加だと明言しているわけです。またソ朝友好協力相互援助条約は91年のソ連邦崩壊と共に失効していますので、ロシアが北朝鮮を軍事支援することもありません。

――むしろ中国やロシアの体制はアメリカ寄りだということでしょうか？

繰り返しますが、そもそも北朝鮮が「米朝枠組み合意」に調印し、日本と韓国から核開発の資金を導入した事情とは、中露が資本主義《アメリカ》陣営に寝返ったことなのですよ。すなわち90年代に中露の社会主義体制が解体されたことによって北朝鮮は孤立化した。だから金政権はアメリカ主導の核開発を受け入れざるを得なかったわけです。いずれにしろ現代世界において中国、ロシア、アメリカは金融市場を通じて資本を融通し合う仲間であり、多少の体制の違いはあれど同じイデオロギー《国家主義》を推進する連合なわけですよ。

――資本に国境はない、ということですね。

ヘッジファンドはプラスとマイナスの両者に投資して必ずトータルでプラスにするんですよ。現にゴールドマン・サックスなどの投資銀行が米国陣営と中露陣営の双方に出資しているとおり、ここでもそのような第一原理は実証されるわけです。結局のところロスチャイルド兄弟が200年前に発明した両建《ヤラセ》構造の投資術は現代においても先端スキームなのですよ。

――現にアメリカ産業の象徴のようなGMやアップルが中国で生産しているわけですから。

アメリカの全産業が中国でモノを作っていると言っていいでしょうね。早い話、開放政策とは中国をアメリカの下請工場化するプロジェクトだったわけです。アメリカが資本と技術を提供し、中国は2・8億人の農民工奴隷を提供する、そして互いが互いを市場化するという「互恵関係」です。またロシア経済の基盤であるサハリンやテンギスの油田などは、シェブロンやエクソンなどのアメリカ系資本から出資を受けているし、そもそも（NATO加盟国に本拠地を置く）フォーチュン500社は中国で2000以上の合弁プロジェクトを推進している。そして中国の金融機関はアメリカの官民に100兆円を超えるカネを貸し付けている。ロシアの株式市場だってアクター《売買主体》は欧米投資家ですよ。繰り返しますが国家の対立というのは「20世紀の大きな物語」なのです。

――つまり地球的な経済の協調体制においては戦争など起きないというわけですね。

もちろんそれは世界構造の最単純モデルであって、現実には各国間で利害をめぐる複雑な調整や駆け引きがあります。また協調体制と同時に日米関係のような従属体制があります。しかし、ひとつの図解《シェーマ》として超国家的な支配の枠組みが在ると捉えて間違いないのだと思います。つまりこれは捨象《しゃしょう》（事物の核心を特定するために細かい事象を一旦切り捨てる思考作業）であるわけです。

――だとすれば北朝鮮を巡ってアメリカと中露が激突するなんてことは100%ないでしょう。

現に中国とアメリカの海軍は仲良く合同演習を実施しているじゃないですか。戦争があるとすれば極めて予定調和的な局所紛争ですよ。G・オーウェル的に言うと「互いに傷をつけない程度に退化した角を持つ草食動物同士の戦い」です。そうやって小競り合いをして、互いの内政問題を誤魔化したり、軍事予算の引上げを図るわけですね。

――アカデミズム《学究的立場》として、これをどう捉えればよいのでしょうか?

ウォーラーステインの「世界システム論」などが参考になるかもしれません。要は多国籍資本が王として君臨する「帝国」は中央(消費国)と周辺(供給国)によって構成されているという主張です。そのような論理からすれば、北朝鮮は世界的な経済の分業体制において「資源の供給地」という役割とともに「戦争産業の発展装置」という役割が課されているわけです。つまり欧米先進国にエネルギーや原材料を提供するとともに、「ならず者国家」を演じて緊張を高め、日本とアメリカと韓国の軍事予算を引き上げる役を担っているわけです。

――なるほど。「ウィンウィンの関係」というわけですね。

そのとおりだと思います。金正恩の王侯貴族のような暮らしぶりはインセンティブと考えれば分かりやすいでしょう。要は欧米の経済プランに従って投資を受け入れ、打ち合わせどおりにミサイルを撃ち込めば身分が保証されるということです。そもそも資本主義的《ブルジョワジー》腐敗を憎悪して日米に戦争を仕掛ける将軍様がですよ、美女軍団をはべらかしベンツを乗り回すという生活を満喫しているわけですから、これはもうアカデミズム以前の問題ですよ（笑）。「酒池肉林の暮らしをエンジョイして、一体オマエのどこがチュチェ思想なんだ？」みたいに、物事の本質というのは下世話なことから見ていく方がよく分かるのかもしれません。

――北朝鮮という国の未来についてどのように予測されますか？

現在のように欧米各国と協調している間は戦争など起きないでしょう。しかし将来はイラクのようになるかもしれません。北朝鮮とイラクの位相、金正恩とサダム・フセインの立ち位置がよく似ているんですよ。そっくりだと言ってもいい。ご存知のとおりフセイン政権は長年にわたりアメリカと協調関係を築いていたわけですが、イランを牽制するという役目が終わった時点で切られてしまいました。つまり用済みになったところで戦争を仕掛けられたのです。その後はCPA《統治国連合》によってマリキ政権という傀儡が樹立されたのですが、結局これによってイラクの油田や公営企業は欧米企業の支配下に置かれたわけですよ。まして北朝鮮は世界有数の地下資源国ですから、英米の連合がこれを放っておくことはないでしょう。もっとも金正恩はすでに欧米資本の傀儡とも言えるのですが、将来はもっと露骨な実効支配が行われるのかもしれません。

――つまり北朝鮮で局地戦が行われ、金体制が崩壊する。そうなればイラクの「新石油法」みたいな法律が施行され、資源の半分くらいが占領国に奪われるということですか？

あくまで一つのシミュレーションですが、もし戦争となればアメリカは北朝鮮の空港、港湾、ダム、発電所、高速道路、公共施設などをピンポイント爆撃します。そして連合国と暫定統治機構を立ち上げ、それらの復旧を自国のゼネコンに発注するわけですよ。次にその費用回収という名目で資源の売買代金から一定額を差し引く「資源法」を作り、主要な公営企業を傘下にできるよう会社法や税法を整備するでしょう。そうやってイラクでやっているのと同じように、自国にずっとカネが入る仕組みを作るのだと思います。

――将来のことは誰にも分かりませんが、もし連合国が北朝鮮を攻撃した場合においては、おそらくそのようになるのだと思います。

資源も市場も獲得できないのに戦争を仕掛ける馬鹿はいませんからね。もっともここらへんのことはヘリテージ財団や戦略国際問題研究所《CSIS》などネオコン系のシンクタンクによってすでに策定されているのかもしれません。

15 ミサイルと拷問とローマ法王

――ところで資本の連合が北朝鮮にミサイルを発射させる背景には様々な事情があると言われました。第一の目的が改憲によって軍事費を引き上げることだとすれば、第二の目的は何なのでしょうか？

経済植民地《ニホン》の治安《セキュリティ》強化だと思います。要するに宗主国であるアメリカは、80年代の中南米諸国でやったように、軍事政権を作って被支配国民である我々を弾圧したいわけですよ。小泉政権から推進される市場原理主義とは、教育や医療や福祉に関わる支出を削り、それを欧米企業の補助金や減税に付け替える政策なわけです。だから「改革」が進むほど格差が広がる、貧乏人が増える、税金や社会保険料が引き上げられる、挙句に財政が破綻する。当然そうなると反政府運動が生じますから、彼らはこれを事前に防止しなくてはならない。

――つまりアメリカの外交戦略《ドクトリン》としてそのような方法論が確立されているわけですね。

「通貨による支配」に代わって登場したのが「経済ルールによる支配」なんですよ。ハンナ・アーレントはこれを「権力輸出」という言葉を使って説明しましたが、要するにモノやサービスで他国の市場を奪うだけでなく、政治機構そのものを乗っ取り、暴力的に統治しようという新植民地主義《ネオコロニアリズム》です。だからそのために北朝鮮は非常に都合がいい。非常事態を根拠として日本に軍事政府を樹立できますからね。

――具体的に彼らはどのようなことを目論んでいるのでしょうか？

資本規制撤廃（外資による東証企業買収の簡易化）、労働者の非正規化、労働権の解体（解雇の自由化）、郵便やインフラや学校の民営化、多国籍企業優遇（租税回避の黙認、法人税の引き下げ、消費税の還付や補助金の支給）、その原資確保のための福祉・医療・教育の切り捨てと消費税率の引き上げ、関税の撤廃、外資による農地と漁業権の取得、混合診療の解禁（保険不適用治療の拡大）、先軍体制（戦争国家化により社会資本を軍事に優先する体制）の確立などです。もっとも大半はすでに実現していることですが。

——南米で軍事政権の樹立が相次いだ当時、ペルー大使館人質事件が起きましたが、何か関係があったのでしょうか？

あれなどは市場原理主義が国民生活を破綻させたことから、国民がゲリラ化して抵抗せざるを得なかったという事情に拠るものです。フジモリ政権なんて国有財産をボロ安で売却したり、社会保障を全面削減したり、少数部族に不妊手術を強制したり、本当に酷いことをしていましたからね。「サッカー場の惨劇」で知られるチリのピノチェトは何十万人もの反体制者を収容した挙句に処刑しましたが、当時のラテン諸国で「狂った独裁者」は彼一人だけではなかったわけです。

——同じようなことが日本でも起きるというわけですね。

つまり我々はグローバリズムという構造的同型性に取りこまれてしまったわけです。ピノチェト政権下で推進された経済プログラム（フリードマン理論に則る法律改定）の草案書は、執務室を埋め尽くすほど膨大なことから「レンガ」と呼ばれたのですが、結局のところ小泉政権から推進される改革案も全てがそのような夥しいドラフト（外国資本による指示書）に基づくのです。要はその手段が「過激な暴力」か「穏健な暴力」かという違いだけであって、目指していることは同じです。しかし今後はどんどんエスカレートするでしょう。ちなみにピノチェトはローマ法王の謁見に際し「祖国のために拷問は必要だ」と語っているのですが、自民党の改憲案でも拷問禁止の条文から「絶対」の文字が抹消されているんですよ。結局、どこの国の為政者も恐怖政治が理想なのです。

16 あからさまなショック・ドクトリン

――しかしトランプは就任早々ＴＰＰからの離脱を表明しました。日米関係はこれで変わったのではないかという指摘もありますが。だとすれば日本が植民地的な体制から解放される希望もあります。

トランプ政権がＴＰＰ離脱を表明した事情は（ＮＡＦＴＡによって５００万人もの失業者が生じたことから）自由貿易を警戒する保守層への配慮です。だから彼らは「自国ではなく他国を迂回して当初目的を達成すればよい」という発想に切り替えたわけですよ。そもそもＴＰＰは「国家対国家の通商条約」ではなく、「国家対資本の通商条約」ですからね。すなわち企業にとって触媒となる国家がアメリカだろうがオーストラリアだろうがどっちでもいい。とにかくＴＰＰに加盟した国を使って日本を完全支配しようという魂胆なわけです。

――ちょっと意味が分からないのですが。

先にFTAに加盟した韓国でISD訴訟（投資家が不利益を被ったとして起こされる裁判）が相次いでいるのですよ。そしてそこで明らかとなったことは「加盟国のいずれかに事業所を構えていれば誰でも提訴が可能なこと」です。事業実体が無くとも、タックスヘイブンのように書類上の登記だけでいいとすら言われている。このように「自由貿易によってISD条項を受け入れた国は加盟国の投資家に服従するに止まらず、加盟国に拠点を置く投資家にも服従する義務を負うこと」がルールなわけです。だから「TPPは米国を除く11カ国との取り決め」というのは全くの詭弁であって、理論的にアメリカ企業は第三国を通じて対日TPPに参加できるわけです。そもそもシンガポールひとつみてもゴールドマン・サックスやシティやメリルリンチなどの支店があるのですよ。だから米国抜きのTPPも米国が参加したのと全く同じ外交圧力が生じるというカラクリです。

――つまり自由貿易によって対日支配を絶対化するためには弾圧的な軍事政府が必要となる。軍事政府を樹立するには理由が必要だ。だからそのために北朝鮮のミサイルが利用されているというわけですね。

そうだと思います。現に彼らは70年代から80年代にかけて中南米諸国の全域でそれをやっているわけですから。実を言うとＴＰＰには「間接収用（投資家が期待した以上の収益が得られなかった場合、その相当額を対象国の税金でもって補填する制度）」が約款に盛り込まれる可能性が高いのですよ。そこまで酷いことをすると必ず反米運動が起きる。それに対抗するには暴力政府が必要だということです。

――自由貿易に加盟したインドなどでも伝統産業が立ち行かなくなり、年間十数万人の自殺者が出ていると言われています。

社会学者のベックが『危険社会』の中で〝今世紀はリスクが国境を越えグローバル化する時代〟と述べているとおりですね。もっとも幸徳秋水は帝国主義について〝投機と強奪の所産である〟と１００年も前に洞察しています。今風に言うと「略奪に依拠するインフォーマルな経済」でしょうか。いずれにしろＴＰＰによって地獄のような社会が現出することは間違いありません。

――そうやって国家の主権そのものが解体されるわけですね。

もっともすでに主権なんて無いに等しいですよ。それを解体するものとして、日米経済調和対話、日米地位協定、日米合同委員会、日米安保条約、日米原子力協定、国際連合憲章（敵国条項）、日本経団連政策評価（外資連合による政党コントロール）、主要都市の経済特区（外資の治外法権区域）化、自由貿易化に伴うＩＳＤ条項（投資家の要望による規制解除）などがあります。そしてこの他にも憲法の上位法としての諸々の密約がありますから、民族社会は「体系の鎖」を幾重にも巻き付けられた状態にあると言えるでしょう。

――だとすれば自由貿易に批准するまでもなく既に主権が消失しているわけです。これでは国家など「経済的な諸関係の調整的枠組み」に過ぎないと言ってもいい。

ちなみにメルケル政権下のドイツはニホンの原発事故を教訓として脱原発に舵を切ったのですが、直後にＩＳＤ条項が発動され（脱原発が投資家の利益を妨げるとして）38億ドルを賠償請求されました。このように、自由貿易体制とは資本が相手国の民意を粉砕することと同義であるわけです。何度でも繰り返しますが、過去の事例からいずれ日本でも反米（反多国籍企業）運動が起きることが分かっている。だからそれに先立ち暴力政府を樹立し弾圧法を整備するわけです。現に60年代の安保反対運動などは事実上の内戦に発展するほど過激化しましたから。言うなればこれは予防対抗暴力なのです。

――つまり新たな体制作りのために北朝鮮のミサイル問題が利用されていると。

平時でそれをやるのは大変困難ですが、隣国からミサイルが飛来するという「準戦時下」においては簡単に世論合意を形成できますからね。新聞テレビが揃って北朝鮮の脅威を煽り立てる、Jアラート《空襲警報》が鳴り響く、学校や職場で避難訓練が実施される、地下鉄や電車が止まる、ミサイルの発射映像が毎日毎日流される……、そんなことが続くと国民はマトモに思考できなくなります。つまりこの社会では「支配を成立させるためには被支配者がそれを正当だと受けとめ、自発的に服従するよう仕向ける社会的下地を準備しなくてはならない」というM・ヴェーバーの理説がそのまま実行されているわけです。

――要するに民衆の精神をミサイル騒動によって白紙状態《タブラ・ラサ》にするわけだ。これはもう完全にナオミ・クラインの言う「ショック・ドクトリン《惨事便乗型政策要綱》」ですよ。

そうです。そうやってパニック状態につけこんで一気呵成に有事法制を成立させるわけですよ。そしてすでに国民が混乱状態にある隙を突いて、特定秘密保護法や共謀罪法が施行されている。はっきり言いますが、これらは権力側の都合によってどのようにでも運用できる「授権法」ですよ。制度の枠組みからすればナチスの「全権委任法」と同じだと考えていい。

17 『1984年《ディストピア小説》』を体現する営み

——現にアメリカでは9・11同時多発テロの直後に「愛国者法」が成立し、その後はセキュリティ《治安》を名目とし監視や検閲が合法となり、反政府的な言論者の逮捕拘束が相次いでいます。おそらく日本もそのような暗黒社会になるのだと思います。

全く報道されませんでしたが、バラク・オバマは退任のドサクサに紛れNDAA（言論統制を合法化する国防授権法）に署名しているんですよ。つまり時限立法だった「愛国者法」を恒久法化したわけです。そしてこれに準拠する形で日本国は共謀罪法を施行したのです。ちなみに共謀罪法が閣議決定された2017年3月21日の前後にもノースロップ、ハネウェル、レイセオン、ボーイング、ユナイテッドなどの株価が高騰していました。結局、グローバルな戦争経済《ウォー・エコノミー》の中で全てが繋がっているんですよ。

――しかし国民は国際政治の仕組みを全く理解していません。だから、こんな話を聞いてもピンとこないでしょうね。アメリカと北朝鮮と日本の政府が共謀しているとか、ほとんど映画か小説の世界のようです。

僕は今の日本社会が『1984年』のエピゴーネン《模倣文学》的な営みだと考えているのです。ちなみに映画版『1984年』の冒頭シーンはユーラシア（劇中の敵国）からミサイルが発射されたと警報が鳴り響くシーンから始まるのですが、この様相は愕然とするほど今のニホンと酷似しています。つまり北のミサイル騒動は『1984年』のプロットと同じく常態的な戦時体制によって民衆をコントロールすることが目的であるわけです。すなわち北朝鮮危機の捏造により「例外状態と通常状態の一致」を図っているわけですね。これの恐ろしいところは「国家緊急権」の発動により憲法改正と全く同じことができることです。直言するならば、北朝鮮との緩慢な戦争状態によってファシズムが樹立できるわけです。

――現に北朝鮮問題がきっかけとなり、そのような流れになっていることは間違いありません。

結局のところ「市場原理主義は最終的に戦争国家を目指す」のです。これはコロラリー《学問的必然》と言っていいでしょう。小泉改革以降の15年を振り返れば、（東証株を外資に譲渡するため）会計制度を変更し、資本規制を撤廃し、労働者を非正規化し、外資企業の特権的な税制を導入している。そうやって外国人投資家の利潤を最大化しているわけですね。そして（その原資確保のため）社会保障費や教育予算を切り捨て、ついにはＴＰＰによって関税も取っ払う。経済特区によって医療や保険の市場も制圧する。そうなると残すところは軍事を基幹産業に据えることだけなわけです。言い換えると、構造改革の総仕上げとして先軍体制が企図されているわけです。

――もっともそうなると国民は悲惨な目に遭うのですが。

そうです。兵器予算を捻出するため、消費税、所得税、住民税、固定資産税、贈与税、自動車税、国民年金保険料、厚生年金保険料、医療費（特に高齢者医療）、介護保険料、電力料の全てが引き上げられますからね。年金も実質廃止になるでしょう。つまり先軍体制によって給付国家（福祉国家）としての日本は完全に終わると同時に、我々の社会的基本権（人間たるに値する暮らしを営む権利）は解体されるのです。

――国民は自分達の社会が外国資本の思惑によって構想されていることを全く理解していませ

ん。まして北朝鮮問題がそれに利用されていることなど夢にも思わないでしょう。

日本の政治は行き当たりばったりのように見えますが、立法過程を時系列で追ってみれば、全てが一つの構想の下で緻密に行われていることが分かります。要するに支配人種の定めたタイムテーブル《時間表》に従って制度改革が進捗しているわけです。ここらへんの事情は僕などが説明するまでもなく、ベストセラーになった矢部宏治さんの本に詳しく書かれています。早い話、日米合同委員会（在日米軍の幹部と主要官庁の局長級との会談）で提出されたアメリカ側の要望がそのまま法案化されているわけですよ。

――どのように有事法制を整備するのか、どのくらい防衛予算を引き上げるのかも、すべては代表議会とは全く異なる次元で決定されているわけですね。だとすれば政治家なんて誰がやっても同じです。

だって今井絵理子とか三原じゅん子とかアイドル歌手をやってた女の子がですよ（笑）、国会議員になった途端に何百ページもある法律の原案を作れるわけないでしょう。そもそも国会議員の仕事とは「法律を作ること」なのですよ。なのに彼女たちは法律を読み解く程度の知性もない。もっともそこらへんの事情はタレント議員に限らず、世襲議員も同じようなものですが。要するに「学歴不問、資格不要、未経験者歓迎、採決の時に挙手するだけの簡単なお仕事です」みたいなノリで国政のメンツを募っているわけですよ。

――民度に相応しい政府なのでしょうね。

「下部構造が上部構造を決定する」というマルクスの言葉どおりです。こんなことを言うとまたバッシングされますが、要は馬鹿国民が馬鹿政府を支持するということです。結局みんな自分が政治を知っていると勘違いしているんですよ。「オレは大学も出ているし、会社では管理職もやっている。新聞も読んでいるし、テレビのニュースもチェックしている。専門家ほどではないにしろ政治の動きは大体理解しているんだ」と。しかし政治とは「法律を作ること」、ひいては「社会資本を配分すること」です。だから最近どのような法案が成立したのか、それが政府提出法案（公務員が起草したもの）なのか議員提出法案（国会議員が起草したもの）なのか、国家予算（一般会計ではなく本体予算である特別会計）の内訳がどうなっているのか即答できなければ、政治を知っていることにはならないわけです。

——おそらく99・9%の国民は答えられません。

答えられるわけがないんですよ。重要法案の中身は殆ど報道されないし、そもそも特別会計のキャッシュフローなどは事実上非公開ですからね。そしておそらく今後これは特定秘密化されるでしょう。いずれにしろ世界中探しても自国の予算を知らないなんてのは日本人だけですよ。『1984年』の中でも「無知は力である!」というスローガンがありますよね。そんな感じで、知らず知らずの内に「知らないままでいいとすること」が国民の規範《モーレス》になっているわけです。

18 劇場国家《シアター・ステイト》としての日本

——要するに日本人は無知を自覚する程度の知識すら持たないわけです。つまりソクラテス的な「無知の知」が無い。

だからこの国では「50歳を過ぎた大人の政治知識と中学生のそれと殆ど差がない」と言っていい。もっともこういう話をすると人間関係が壊れるので、酒の席で話題にするのは止めたほうが無難でしょう(笑)。結局「人間は真空を嫌う」という言葉どおりなんですよ。要は物事を理解できない状態に耐えられない。つまり自分が空っぽであることを直視できない。それどころか無知や錯誤を指摘されると猛烈な生理的不快が生じる。いわゆる認知的不協和という状態です。そうやってパラダイム《思考の枠組み》の更新を拒絶して、「知的な私」という自己像を保とうとする。

そしてこのような国民の知的怠惰の上に政治があるということです。

――事実だと思います。なんであんな馬鹿が政治家をやってんだろうと誰もが思いますからね。

アングロサクソン《支配人種》は大航海時代から植民地の傀儡を馬鹿にやらせると決めているんですよ。現に対日政策機関であるCSISのマイケル・グリーンなんて「ニホンの首相は馬鹿にしかやらせない」と公言している。そうやって無能者を人形みたいに裏から操るわけですね。たまに小沢一郎とか頭のいい奴が出てくると使いにくくてしょうがない（笑）。だから安倍晋三のような人間に長期政権をやらせるわけです。いずれにしろ考える人間はダメなんですよ。「こんなことをやったら経済が滅茶苦茶になる」とか「これだけ福祉や医療を削ったら国民が野垂れ死ぬ」とか理性的に考える人間にはやらせない。傀儡の要件とは無知性で共感能力が欠如していることなのです。

――それでもなお国民は「政治が在る」と信じています。民意によって選ばれた政治家が政治をしていると今だに思っています。

巷の政治議論というのは大体が「特性理論」ですよね。つまり政治家本人の個性や人格や思想や能力から考察する立場です。しかし「状況理論」から考察しなければ何も分からないのですよ。すなわち政治家の背後にある団体や企業や金脈などから考察しなければ本質的な議論はできない。だからドナルド・トランプや安倍晋三や金正恩がどのような人間であるかということよりも、彼らがどのような資本の論理によって動いているのかを検証しなければ、北のミサイル問題なども全く不明のままに終わるということです。

――いまどき国民のために政治をやろうなんて人間はいませんよ。

そうです。与党も野党も多国籍資本というインビジブル・ガバナー（国民には不可視の統治者）の下で忠誠競争に邁進しているだけのことですよ。

――だからミサイル問題を端緒に戦時の暗黒社会が復古しても、政治家はむしろそっちの方が都合がいいとすら思っているでしょうね。

国会議員にとって一番重要なのはレント（社会資本を外国人に譲渡することにより得られる手数料）ですからね。早い話、売国でカネを稼ぐことしか考えていない。だから財政が破綻しようが、経済が崩壊しようが、国民が死絶しようが大した問題ではない。つまり彼らにとって理性や共感などは桎梏《しっこく》（目標達成の足手まとい）に過ぎないわけです。これはまさに政治学者ローウィの言う「利益集団自由主義（外国企業などの圧力団体による政治操作を野放しにする体制）」ですよ。

――植民地ニホンを統治する手段として、自由民主党と朝鮮労働党がワンセットの道具にされている、という認識でよろしいのでしょうか？

そういうことです。ここまでの話を一旦まとめましょう。北朝鮮ミサイルの目的とは①改憲により日米両国の軍事費を引き上げること。②日本国の先軍体制（軍事国家化）を推進すること。③軍事政府を樹立し植民地の治安《セキュリティ》を強化すること（多国籍企業支配レジームへの反逆を防止すること）です。②③については中南米諸国などで膨大な先例がありますから、もはや議論の余地すらないでしょう。

――我々はヤラセの芝居にすっかり騙されているわけですね。

おっしゃるとおり芝居です。ちなみにこれは全体社会における「サイコドラマ」だとも言えます。本来「サイコドラマ」という言葉は精神病治療を目的とする演劇（治療行為として患者に一つの役を演じさせること）を意味するのですが、現代の日本においてはそのような方法論《メソッド》が社会統治策として援用されているわけです。つまり我々は劇場国家《シアター・ステイト》における役回りを課され、無意識にそれを演じることにより、彼らの設定した「正常」に回収されているわけです。

——それはとてつもなく巨大な劇場型政治と言えるのかもしれません。

さしずめ最近の演目は、衆院選前に北朝鮮からミサイルが発射される→防衛を公約に掲げた自民党が圧勝する→アメリカの大統領が来日して兵器を売り込む、という「三幕構成」のシナリオです。そうやって「危機を共有する国民」を配役された我々は粛々とインチキを受け入れるのです。少し哲学めいた言い回しとなりますが、このようにシアトリカル《劇場運営的》な体系においては「認識論的問題設定（自分が知覚したり考えたりしているとおりに諸物が存在しているのかという根源的な問い）」など永劫に生じないのです。

19 「官僚内閣制ファシズム」とは何か

――しかし立憲民主党が野党第一党に躍進し、改憲問題を取り上げ、多少ではありますが、今の流れを変える動きも出てきているように思いますが。

各党の国会質疑に目を通しましたが、日本の代表議会が両建構造（八百長の対立）にあることを証明するかのように全く差し障りのない内容です。安倍内閣の致命傷となる重大問題には全く触れておらず、むしろ与野党談合の下で（細心の注意を払いながら）それらの不可視化が図られた格好です。

――要するに「本当に議論しなくてはならない問題」が国政からゴッソリ削除されているということですね。具体的にはどのようなことでしょうか？

ざっと挙げてみれば、平和憲法を守り先軍体制を阻止すること、TPPやFTAの批准を撤回し敵対的貿易（自国の産業が叩き潰される通商体制）から離脱すること、原発事故の被災者を救済し各種の補償に努めること、物流の制限と食品安全基準の強化によって二次被曝を防止すること、特別会計と独立行政法人（公務員の天下り制度）を廃止し財政破綻を防ぐこと、財政収支の黒字化が達成されない間は外国支援（ODAなどを通じたばら撒き）を停止すること、年金の過剰な株式運用を禁止し給付体制を従来どおりに維持すること、外資企業の特権税制を是正し医療と教育の財源を確保すること、正規雇用の義務付け（派遣の禁止）により内需を再生することです。

——秋嶋さんが国会議員になればいいのに（笑）。

いやあ、僕はカネと女性にはからっきし弱いからダメです。これはもう断言していい（笑）。すぐ買収されますよ。当選した途端に手のひらを返して、改憲論をぶち上げたり、自由貿易や経済特区の推進論者になるでしょう。国会議員は経団連の政党評価表《ポリシー》に従って法律を作れば合法的に政治献金がもらえる仕組みですからね。「この野郎、寝返ったな！」とか言われても「何を言ってるのか分からないなぁ。あははは」みたいな。もっとも自分がこの程度《レベル》だから、前原誠司みたいなユダ的人間の考えていることが手に取るように分かるわけですが。

――やはり我々が想像する以上に事態は深刻なのでしょうか？

今挙げた問題群はもはや先延ばしできないんですよ。つまりこの時点で対処しなければ永劫に解決不能となるわけです。その意味において我々は歴史的な転轍《てんてつ》点を踏み越えてしまったのだと思います。

――そのように山積みの問題がスルーされて、北のミサイルが最大問題であるかのように偽装されているわけですね。これはまさに与野党が談合して国民を欺いていると言ってもいい状態です。

かくも議会は度し難いイモビリズム（野党の衛星政党化により変化できない状態）に在るわけですね。これがまさにG・サルトーリの言う「非競合的政党制」の成れの果てですよ。

――しかし野党は加計疑惑なども取り上げています。極一部ではあるにしても政党間の対立は存在しているのではないでしょうか？

それらは先に挙げた喫緊の問題群に比すれば全く些末なことですよ。要はそのようなポピュリズム的（大衆受けするような）質疑そのものが与党と連携したスピン《陽動》だということです。改憲への抵抗も野党という立場的なポーズに過ぎず、結局は「数の論理によって押し切られた」という毎度の文脈に落ち着くだけのことでしょう。早い話、野党も改憲を阻止しようなんて本気では思っていないということです。

――秋嶋さんは先の著作でも「政治が無いこと」を主張されておられますが、それはこういう意味だったのですね。

日本の議会は典型的なヘゲモニー政党制（形式的に野党は存在するが与党になることを永劫に許されない体制）ですよ。これはもう不文律と言っていい。だから野党なんて国会のコサージュ《花飾り》程度のものでしかありません。もっとも与党も似たようなものですが。これは政治過程論（どのような経緯で法律が決まるか考察する学識）から見れば議論の余地すらありません。その意味において総選挙などはＡＫＢ48の人気投票と大差のない国民行事です。

――国民は政治過程論なんて言葉があることすら知らないでしょうね。だから単純に法律が国会で作られると思っている。

繰り返しますが中央省庁が在日米軍と調整して法案を起草しているわけです。そしてそれを（自民党の）政務調査会に提出し、その後形式的に総務会を通過させた後、事務次官がとりまとめ閣議決定させるという流れです。だからこのような立法過程においては民意が反映される余地など皆無だと言っていいでしょう。国会議員の仕事とはあたかも自分たちが法案を起草したかのごとく振舞い、国会という劇場でそれを承認して花押（お飾りのハンコ）を添える程度のことです。

――まるで清朝末期の紫禁城の光景のようです。全く実権のない皇帝が宦官を相手に宣布の式典を執り行っているという。

というか満州国議会みたいな感じですね。傀儡の溥儀《ふぎ》が日本軍のもってきた法案にハンコを押しているようなものです。駐留軍に脅され、家族も人質にとられているわけですから、言われるままに法律を制定するしかありません。いずれにしろ、（国民の代表である）立法府が（役人の集団である）行政府より上位にあることは民主主義の大原則なのに、日本ではそれが完全に逆転していることを知らなくてはなりません。

――植民地ニホンにおいては議員よりも米軍の代行者である官吏の方がずっと権力者だということですね。だから対北朝鮮政策も議会ではなく彼らによって策定されている。

政治学者のK・ウォルフレンが日本の権力構造を分析し「官僚はあらゆる部門に命令できる」と語りましたが、おっしゃるとおり役人は在日米軍という「上位の権威の光背」を受けているわけですよ。しかし、もともと日本の議会は1890年に開設された当初より、天皇の決定に賛同する協賛機関に過ぎなかったのです。そして戦後もGHQの公職追放（戦犯と見なした者を政府や民間の要職から排除する政策）と同時に官僚機構が代表議会の上に置かれました。以来、官吏は植民地の中間支配者として国会を監督しているわけです。そう考えると、この国は明治政府より一貫して国会以外の機関が法律を制定する「委任立法」の体制にあると言えます。

――官僚機構が政府機能に成り代わるという点では「行政国家」のレジームとも言えますが、

私的には「官僚内閣制ファシズム」という表現の方がしっくりきます。その意味では、おっしゃるとおり北朝鮮も日本も大差の無い制度の枠組みに在るわけです。安倍政権で公務員改革が実行されたと言われていますが、ここらへんの事情は変わっていないですよね。

処女作の『独りファシズム』という本を執筆する際に、官制経済（国家・地方公務員の給与、福利厚生、天下り先である公益法人、独立行政法人、特殊法人、特殊会社などへの補助金、財政投融資の償還費など）の総額を試算してみたら年間70兆円規模だと判明したのですよ。つまり国税と地方税のほぼ全額が公務員部門に注ぎ込まれているわけです。先ほど自主避難者の支援が打ち切られた件を話しましたが、仮にその1割でも支援に回したとすれば、彼らの全員に恒久的な補償を施すことすら可能だったでしょう。これはもはや人類社会が経験したことのない腐敗官僚制度《ロトン・ビューロクラシー》ですよ。

20 収容所的なもの、ホロコースト的なもの、全体主義的なもの

――そしてこのような体制は北朝鮮問題によってさらに強化されると言えます。先軍体制は権力を集中させますからね。つまり北のミサイルが日本的ファシズムを絶対化させる道具になっているわけです。

先の衆院選でも台風の接近を根拠として投票時間が繰り上げられたのですが、ドイツなどはナチ党が台頭した教訓を踏まえ投票操作を厳格に禁じているんですよ。だからこのような対照性はニホン社会の戦時復古的モダニティ《現在の有様》を示唆していると言えるでしょうね。

――いずれにしろ我々は社会現象を通時（歴史の流れにおいて検証する態度）的に捉えるべきですね。

そのとおりです。だから共にファシズムを体験したドイツとニホンのその後を比較しなければなりません。前者《ドイツ》が徹底して収容所的なもの、ホロコースト的なもの、全体主義的なもの、排外的なもの、自民族至上主義的なもの、人種差別的なもの、集団思考的なもの、弾圧的なもの、国粋主義的なものの、監視的なものの排除に努めたことに対し、後者《ニホン》はこれら一切を温存しているのです。

——在日米軍や官僚機構の干渉を逃れ、民主的な議会を作り、国家のナチ化を防ぐことはできないのでしょうか？

同じ話の繰り返しとなりますが、日本国内には米軍基地が１３５ヵ所もあり、それが暴力装置として代表議会に睨みを利かせているわけです。これはもう露骨な砲艦外交《ガンボート・ディプロマシー》ですよ。相手国政府を武力で脅しながら要求を呑ませるわけですね。だから日本の国会はアメリカ側の要求に従って法案を整備するしかない。在日米軍の下部機構である官僚組織の言いなりになるしかない、ということです。

——日米合同委員会（在日米軍と局長級の会合）の上にはアメリカの議会があり、さらにその上に多国籍企業があるという構造ですよね。その意味では日米合同委員会も下請け的な組織です。

そのとおりです。アメリカの上院議員1人に対し20人のロビイストがいると言われますが、そうやって金融、保険、軍需、医療、薬品、食糧、ITなどの業界がべったり張り付いてロビー活動をしているわけですよ。つまるところ多国籍企業が本国議会に通過させた要望を植民地行政に反映させる機構が日米合同委員会であり、この制度を保障する装置が在日米軍であるわけです。

――日米合同委員会には法務官僚が常時在籍し、検事総長など司法トップの人事もここで決定されると言います。

だとすれば戦後70年が経過した現在においても、ニホン国の法治体系は在日米軍の厳戒な統制下にあるということです。そして我々は自決権（自国の利益や発展を重視して法律を整備する権利）はおろか、最低限の政治（国民に選ばれた代表者が法律を定める制度）すら持たないということです。このような主張はある種の「背後仮説（実証性はあるものの公式には認められない論理)」なのでしょうね。しかし今や代表議会を超越した意思決定のヒエラルキーがあることは疑いようのない事実です。

――共謀罪法なども彼らに主導されたことは間違いないでしょうね。現に安倍晋三はそれがアメリカ側の要求だと公言している。結局のところ北朝鮮の脅威を論拠として最悪の法律が出来てしまいました。

帝国主義者の巧妙さとは「自身に対しては法の適用を外すこと」なんですよ。すなわち彼らは支配地域に「法の空白状態(例外状態)」を作るのです。だから共謀罪法において有罪認定される277の事項が(彼らの手駒である)国会議員や経済団体の関係者や外国人には不適用とされている。極端に言うと彼らはニホン国にどれほど破壊的な損害を与えたところで、外患誘致罪などに問われない仕組みを作っているわけです。

――いずれにしろ民主議会が機能しない仕組みが四重五重に出来上がっている、彼らがやりたい放題に出来るシステムが完成しているということですね。アメリカ資本の干渉、いや支配によって、本当に大変な事態になっています。

米国務省が毎年発行する「アメリカ外交文書」には、中央情報局《CIA》が（日本社会党を弱体化させるため）50年代頃から自民党に数百万ドルの選挙資金を投じてきた事が記されているんですよ。これはイタリアのキリスト教民主党が米国によって資金援助された図式と全く同じです。だから日伊両国に正常な複数政党制が根付かなかった事由とは、アメリカ政府による選挙介入と政党操作だとも言えるでしょう。そしてその延長として北のミサイル危機を根拠とする改憲があるということです。

――だから政権批判なんて何の意味も無いですよね。巷のアベヤメロ！（安倍晋三退陣論）が恐ろしく空虚に響きます。

安倍晋三は歴代の内閣から植民地行政をバトンリレー的に引き継いでいるだけですからね。民衆は政権交代の全てが偽装であることに未だ気づいていないのです。そしてそれはすでに（アメリカ型の規制緩和万能論をぶち上げた）細川護熙内閣から四半世紀にも及ぶレジームです。だから一時のメディエイター《支配の媒介者》に過ぎない彼らが倒閣されたところで、全く同じ背景をもつ政権が登場し、さらに破滅的な改革を推進するだけのことでしょう。

第3章

外部の敵を作り内政の問題を誤魔化す

21 ミサイル問題より重大な内政問題がある

――ところで憲法改正によって戦争国家が完成すると、検閲や報道規制が強化されますよね。そうなると福島原発事故に関わる情報なども全く表に出なくなります。これは支配者にとって好都合でしょうね。

それも改憲の目的の一つですよ。もっともそれ以前に、ミサイル事件によって緊張を常態化させれば（国が準戦時下にあることを根拠として）憲法を改正しなくても同じ状態を作ることができます。要は国家緊急権の発動により基本的人権も言論の自由も無効にできる。厚労省の統計によると急性白血病は事故前に比べ50％近く増加しているし、山本太郎議員の調査でも福島の子どもの甲状腺がんが通常の３００倍だと報告されています。おそらく周辺の宮城や茨城なども大変な事態でしょう。いずれにしろ改憲もしくは国家緊急権の発動によって、このような情報の一切が検閲されることは間違いないと思います。

――実際に自民党の改憲案は恐ろしい内容です。

天皇が象徴から戴く存在として謳われ、「いかなる奴隷的拘束も受けない」の一文が抹消され、人権侵犯禁止の条項も削除されていますからね。昭和的な偽装天皇制の下で暴力独裁体制を樹立し、植民地主義への抵抗を取り締まるとともに、原子力災害に関わる権利請求の一切を弾圧する目論見であることは明らかでしょう。

――北朝鮮問題と原発事故問題がリンク《関連》しているとは驚きですが、よくよく考えると確かにそうなっています。

「外交問題とは内政問題である」という言葉どおりですよ。要は北朝鮮という外部の敵を作り、原子力災害という内部のヤバい問題を隠蔽するわけです。現に国民は福島原発事故なんて終わったものだと思っているし、北のミサイルの方がずっと大きな関心事になっているじゃないですか。しかし依然としてレベル7（原発事故が最悪の状態であるという判定）は解除されていないのですよ。そんな重大事実に関わる情報の一切合切が軍国化によって隠蔽されるのは恐ろしいことです。

――原発事故はそんなに酷い状態なのですか？

環境省はヨーロッパ甲状腺学会で「福島原発が放出した核はチェルノブイリの10倍以上だ」と報告しています。つまり政府も東京電力も福島がチェルノブイリの1000％酷いと公式に認めているわけです。しかし原子炉から漏れ出す放射能は今なお1日当り1000万Bqと推定され、周辺の人口密度はウクライナの首都キエフのざっと50倍ですから、到底その程度では済まないと考えるべきでしょう。ちなみにEUの調査グループはニホンの生活経済圏の27％が「放射能を徹底的に監視すべき地域だ」と報告しているのですが、当然これには関東一円も含まれるわけです。

――これに比べれば北朝鮮の核実験なんて全く取るに足らない問題でしょう。

そのとおりです。ちなみに先日NHK（BS）が福島での甲状腺がんの発症率が全国平均の500倍以上にも達する（調査対象38万人中194人が発症している）と報道していたのですが、これは全く異例なことです。NHKは総務省所管の宣伝機関であり、いわば現代の大本営ですからね。だから上層国民の間でも（事実を公開すべきだという勢力と、隠蔽すべきだという勢力に分かれ）内部対立が生じているのかもしれません。

――オリンピックなんてやってる場合じゃないですよね。

いかにして放射線から国民を守るのか、そのために物流や食品をどう制限し、公的な医療や保障をどう整えていくのか、企業や学校の移転をどう進めるかなど、もはや一刻の猶予もないことばかりなのです。それなのに行政はこのような重大テーマを何一つ議論せず「運動会」に邁進しているわけです。はっきり言って東京五輪はナチス政権下のベルリン五輪のようなものですよ。それはつまり民族的な大問題を不明にし暴力政府を権威付けするための舞台装置なわけで、これを社会学では「ミランダ」と言います。

――しかし我々国民はそのような事実を全く知らされていません。まさに戦時中なみに報道統制されているわけですが、これはどのような事情によるとお考えですか？

要はおカネのためです。ご存知のとおりニホンの経済は「土地本位制」の上に成立しています。地価が暴落すれば担保劣化によって（国債の大半を買い取っている）メガバンクが破綻し、その時点で国債が紙屑になり、これに連動して株式や通貨が暴落することから、政府は口が裂けても「国土が汚染されている」と言えないわけです。また被災者に補償をするとなれば天文学的な額になりますので、中央省庁の役人にしてみれば自分たちの貴族的な特権を維持するために出来るだけ支出を抑えたい、だから「原発事故など大したことはないのだ」と国民を教化したいのでしょうね。

――なるほど。このような大問題を不明にするには北朝鮮のミサイルは持って来いの材料だったわけです。

そして我々にとって最も不幸なことはアメリカが推進するレッセフェール《超過激搾取主義》という体制において原発事故が起こったことです。このイデオロギー《社会構想》を簡単に言うと「資本が政府に成り代わること」なのです。そしてその中心的政策が医療や福祉に関わる支出を徹底的に削減して大企業の減税や補助金に付け替えることですから、被災者の救済に国費を投じることを基本的に「悪」とみなすわけですね。だから加害者である東京電力が税金で救済され、被害者である国民が放置されるという倒錯が生じるのです。

22 わざと政治を失敗させる理由

——ここでもう一度話を整理しましょう。この15年で構造改革がドンドン推進されて日本の植民地化が進行した。その総仕上げとして主要都市を経済特区《SEZ》化させるタイミングで原発事故が起きた。この体制は国民の福祉ではなく資本の利潤が第一だから棄民を推進する。そのような構造を隠蔽する道具として北朝鮮問題が利用されている、ということですね。

そうだと思います。先ほど北朝鮮のミサイル騒動はトランスナショナル・ポリティクス（多国間に跨り連携する政治）の所産だと言いましたが、実を言うと福島原発事故の対応についても各国は極めて協調的に対応しているんですよ。たとえば外交の場では決してフクシマを議題にしない、自国のメディアを検閲して福島に関わる報道をさせないといった具合です。現に外国のメディアが取り上げているのは汚染食品の問題くらいでしょう。

――各国が協調して日本の原発事故の実態を伏せているというわけですか。

いったん福島原発事故の実状を認めてしまうと、多国籍企業がODAなどの名目で日本からカネを吸い上げることができなくなるからです。「そんな大変な状態にある国から援助金を取ったらいかんだろ!」という国際世論が湧きあがると非常にマズイわけですね。先ほども話しましたが、安倍晋三が外遊でばら撒いたカネだけで70兆円を超えているのですよ。

――つまり国内では「子ども食堂」が3700カ所も開設されるほど貧困が蔓延しているのに、政府はそんなことおかまいなしに途方もないカネを外国に配っているという。これまでの話を統合すると各国と我々の政府の合意の下で「日本の計画倒産」が図られているように思います。

そもそも自民党が推進するグローバリズムとは「国民経済の破壊によって富を抽出する営み」です。換言するならば政治の失敗が経済的な戦略として当初より仕組まれている。早い話、政治家は誰一人として経済を上手く運営しようなんて考えていない。例えば派遣法改正によって正社員をドンドン非正規に置き換えていますよね。そうなると投資家の配当は何倍にも増えるけれど、内需の縮小によって設備投資が冷え込む。そしてそれが大不況を引き起こすことはデフォルト《定番》なんですよ。現に労働法改悪を端緒に日本の1人当たりＧＤＰランキングは3位から18位まで後退している。しかし国民はこの点を全く理解していない。つまり政治家の関心は国民経済の発展ではなく、資本の要望に応えインセンティブ《政治献金》を得ることだと分かっていない。だから国民はどれほど国が滅茶苦茶になっても、それが為政者の瑕疵に拠るもの（政治の失敗は政権者の不見識や能力不足に拠るもの）だと考えるのです。

――つまり為政者は「わざと国政運営に失敗する」ということですか？

そうです。フーコーの「権力は失敗によって成功する」という言葉はそういう意味です。繰り返しますがグローバリズム《多国籍企業支配》を採用した国家は（ほぼ例外なく）内需の萎縮と生産の低下が常態化した挙句に財政崩壊します。そして外国資本はこの時点で暴落した株式や債券、あるいは不動産や通貨を底値で取得します。その挙句に世銀やＩＭＦなどが救済資金を融資する条件として社会権（医療、教育、福祉、労働に関わる諸権利）の撤廃を求め主権を骨抜きにするという定式です。要するに彼らは97年のアジア通貨危機でやったことを日本で再現しようとしているわけですよ。

——北朝鮮脅威論はまさにその煙幕として使われていますね。

そのとおりです。「失敗国家」の定義として①領土の喪失②合議制議会の消失③公益サービスの停止④外交の不能⑤財政の破綻などが挙げられますが、日本はすでにこの要件の殆どを満たしています。そしてこの状況は先に述べたとおり外国が経済資本を乗っ取るのに最も都合がいいわけです。

——国民の99・99%はこれほど深刻な事態になっているなどとは夢にも思わないでしょうが。

実はすでに欧州連合《EU》などは日本を核廃棄物の処理場にする構想をぶち上げているんですよ。日本政府が3・11を契機に放射線の安全基準を世界で最も緩いレベルにまで引き下げてしまいましたからね。彼らにとってみれば自国領土で核ゴミを管理するより、ニホン国へ搬送して処分する方が断然コスト安となったわけです。要は経済特区や自由貿易や先軍体制や原発事故で日本がボロボロになったところで、最終的に核のゴミ捨て場にしようという魂胆なのでしょう。

——それが本当だとすれば驚くべき話です。

日本の世界地図では日本列島があたかも世界の中心であるかのように描かれています。しかし諸外国のそれにおいては大西洋に跨る欧米が世界の中心に在るわけです。つまり彼らの視座においては我々の領土は極東の辺境に点在する島群に過ぎないわけです。それはちょうど都市住民が汚物を遠ざけようとして、東北などの僻地に核ゴミの処分場を造る感覚に近いのでしょうね。

——マスコミはそのような問題を殆ど取り上げませんよね。

日経新聞などは、フランスのヴェオリア社が中心となって日本に核処理場を造るんだと慶事のように書き立てているんですよ。本当、新聞記者って馬鹿だと思いますよ。だって多国籍資本は日本の廃国を前提としてこのプロジェクトを推進しているわけでしょ？　なのに連中はこれが目出度いことのようにはしゃいでいるわけだから正真正銘の馬鹿だと言っていい。そんな馬鹿どもが書いた新聞を有難がって読んでいる連中も同じような馬鹿ですよ。もっとも共謀罪法というナチ法が施行された今時、こんな本を出す我々も馬鹿と言えば馬鹿ですが。

23　北朝鮮という道化《ジョーカー》

――これまでの話を総合的に判断して、北朝鮮、日本、中国、アメリカ、欧州に跨る政治的な協調体制があることは疑いないように思います。

もはや北朝鮮のミサイル騒動が一国政府の陰謀でないことは明らかです。繰り返しますが、これには我々の宗主国であるアメリカの政界、それを睥睨《へいげい》する軍産金融複合体、日本の経済植民地化を目論む多国籍企業、核処分場計画を推進する欧州連合など、多国間に跨る機関と資本の連合に拠る「重層的決定」だと考えるべきでしょう。

――これから若い人たちは大変ですよね。本当にとんでもない時代に生まれてしまったわけですから。

ちなみにアメリカは集団的自衛権の成立を受けて、年間7万人の兵員を削減する方針を打ち出しているんですよ。そして日本では2017年の衆院選から選挙年齢が引き下げられました。これがどういうことかと言うと、アメリカは日本の若者を間接的に徴兵して、自国の侵略戦争に駆り出そうとしているわけです。集団的自衛権とは要するに自衛隊が米軍の下部機構として編成されることですからね。つまり彼らはこれによってゼロコストの兵隊を確保できるわけです。その意味において、改憲論者は自国の若者を支配人種に差し出す正真正銘人間のクズですよ。そもそも国賊とは、こういう連中のことを言うのです。

——人件費を削れば、その分だけ兵器予算が増えますからね。

これはまさしく「強制徴募」ですよ。かつて元やローマなどの帝国が支配地域の民衆を徴兵して戦争に駆り出したのですが、アメリカはそれと同じことを目論んでいるわけですよ。ヒトラーの自伝にも彼が伝令兵として第一次大戦に従軍していた際、イギリスの塹壕にインド兵の死体が折り重なる様相に衝撃を受けたという件《くだり》がありますが、要は有史前から現代に至るまでこんなことが続いているわけです。第二次大戦でも各国はアジアやアフリカの植民地で徴兵していましたし、日本も朝鮮や台湾の若者を徴兵して戦争に駆り出していましたが、今や立場が逆転したというわけです。ゴールトンの「平均への回帰」のとおり、民族の優劣も何世代か通してみれば大差なくなるのでしょう。

——そしてここでも北朝鮮というカードが有効になります。

そういうことです。国は「北朝鮮が日本を攻撃しようとしているのだから、防衛のため国民が徴兵に応じるのは当然だ」という文脈《クレデンダ》を作ることができますからね。おっしゃるとおり北朝鮮はカードです。各国の支配層は手持ちのカードとそれの組み合わせにより実に様々な「手」を作ることができる。軍需を奮起することも、経済テリトリーを拡大することも、言論統制することも、徴兵をスムースにすることも、「北朝鮮という道化《ジョーカー》」によって可能となるわけです。

——今後は若者が徴兵されても、公的な身分ではなく、パソナなどの民間企業から派遣された要員という立場になるかもしれませんね。

派遣法の強化により20代の半分近くが非正規ですから、アメリカみたいに貧困の若者が自ら進んで入隊する「経済徴兵」の下地が作られています。そうなると重傷を負ったり死亡したところで満足な補償は受けられないし、文字通り使い捨てにされるでしょうね。現にイラクなどの戦闘地に兵站要員を派遣する企業などは、負傷や死亡しても一切補償しないことを契約書に謳っていますから。

——やはり北朝鮮のミサイルは改憲の手段になっていると見て間違いないですね。憲法を変えてしまえば、先軍体制を強化して福祉や医療などの予算をジャンジャン兵器予算に回すことができる。基本的人権も停止できる。原発事故の被災者を救済しなくていい。言論の自由を廃止して検閲を合法化できる。反抗的な活動家やジャーナリストを弾圧できる。そうなれば自由貿易や経済特区によって外資が好き放題できる。だから北朝鮮の脅威を根拠として改憲が叫ばれている。

全くそのとおりです。なぜこれほどまでに手の込んだ各国の連携《コアリション》が必要になるかと言うと、日本国憲法が極めて改正困難な「硬性憲法」だからですよ。だから国民を説得するために北朝鮮のミサイル発射という大掛かりな舞台装置を用いているわけです。しかし「硬性憲法」が廃止される事態となれば、それは逆説的に支配集団が法体系のくびき一切から解放され、全方位的に暴力を行使できることを意味するわけです。だとすればJアラートなどはナチ的な時代の再来を告げる喚鐘《かんしょう》に他なりません。

――軍国化に向けた動きは確かに感じます。

現に安倍政権は「文官統制（文官が武官の上に立ち、軍隊の暴走を防止する制度）」を廃止していますからね。つまり日本国におけるシビリアン・コントロールはすでに骨抜きにされているわけです。ちなみに新設された国家安全保障会議《NSC》とは開戦を決定する統帥機関なんですよ。つまり首相、官房長官、外務大臣、防衛大臣の四相会談の合意だけで戦争できる制度が出来上がっているわけです。いずれこのシステムを潤滑化させるため「軍機保護法」や「国防保安法」などの関連法案も整備されるでしょう。

――北朝鮮問題を根拠に改憲するのに、その結果として日本が北朝鮮化するという皮肉ですね。

元最高裁判事の濱田邦夫さんが自民党の改憲草案について「正気の人が書いた条文とは思えない」と言っています。例えば天皇が象徴から戴く存在に改められ、「いかなる奴隷的拘束も受けない」の一文が抹消され、さらには人権侵犯禁止の条項も削除されています。繰り返しますが、彼らは昭和的な偽装天皇制の下で暴力独裁体制を樹立し、新植民地主義への抵抗を取り締まるとともに、原子力災害に関わる権利請求の一切を弾圧する目論見なのです。

24　我々は搾取すべき事物であるということ

——多国籍資本の構想のもとで軍国化が図られるナチ的状況が生じているわけですが、このような途方もない残酷さの根源は何なのでしょうか？

やはりある種のオリエンタリズム（東洋人は人間ではないのだから搾取した後に処分してもよいという論理）なのだと思います。「関係の絶対性（支配する文明と支配される文明の普遍的な位相）」と言い換えられるのかもしれません。いずれにしろ、これはレイシストが中国人や韓国人を蔑視する１００倍くらいの蔑視だと考えていい。

——日本人は自分たちが欧米人と対等だと思っていますからね。

しかし彼らから見れば全然そうではない。数多《あまた》の有色人種と同じく搾取すべき資源に過ぎないいわけですよ。直言するなら人間だとみなしていない。おそらく家畜程度のものでしょう。これはもうコロンブスの大航海時代から引き継がれる精神構造《エートス》ですよ。そのような歴史的視点からすれば、アメリカによる対日支配の残酷さというのは、中世の無主物先取権（他国に先駆けて制圧した国が実効支配する西洋のルール）に根差しているのかもしれません。日本は昭和の敗戦まで宗主国を戴かなかったわけですから。

――でなければこれほど非人道的なことはできないですよ。

キリスト教などはそのための装置みたいなものでしょう。マニフェスト・デスティニー《明白なる使命》として白人による有色人種支配を保障しているわけですから。彼らはインカやアステカでの虐殺でも司祭を帯同させていたし、今だって従軍牧師を抱えてイラクなどの侵略戦争に臨んでいる。だから彼らはどれほどアジア人を殺しても全く良心が咎めないどころか、それが神の意志に適うことだとすら思っている。結局、彼らが信仰しているのはエホバ《創造の神》ではなくマムモン《金銭の神》なのです。

――アメリカは近代でもアジア人を殺しまくっています。おっしゃるとおりアジア人を人間と見ていたら、こんなことできないですよね。

大雑把な推計ですが、スペイン領だったフィリピンでは60万人を殺しています。太平洋戦争では原爆投下により20万の日本人を殺しました。降伏が通達されていたにもかかわらずですよ。インドネシアの共産党弾圧では200万人を殺し、カンボジアでもポルポトの援助により200万人を殺しました。朝鮮戦争では90万人を殺し、ベトナム戦争では300万人を殺しています。やはり「アジア人なんて人間じゃないから、自分たちの都合のために殺してもいいんだ」という内在論理があるからこれほど残酷なことができるのでしょうね。

――このような歴史の延長としての現在の日本を捉えなくてはならないわけですね。そして先ほどのお話どおり、国連なども同じ論理で動いている。

そういうことです。M・ゴルバチョフによって設立された環境団体グリーンクロスが「福島原発事故による被曝者は3200万人にも及ぶ」と国連に報告しているんですよ。ところが国連人権理事会はこれを「人道に対する罪」や「保護する責任」などの憲章に則り議案にしようとはしない。彼らは北朝鮮の人権侵害については頻繁に議論しているのですけどね。

——それはどのような理由だと思われますか？

常任理事国の企業が原発事故とミサイル騒動のドサクサに紛れニホンの社会資本をスムースに略奪できるようにする配慮なのだと思います。現に国連はこれまでもＩＭＦとつるんで、途上国や中進国の資源を多国籍企業に売り飛ばすようなことをやってきたわけですから。結局、彼らの行動原理とはオポチュニズム《便乗主義》なんですよ。ちなみに近年の「回勅（ローマ法王が人類的問題について見解を記述し各国の司教に送る公文書）」においても福島原発についての記述がありませんから、やはり対日政策として世界的な協調体制が築かれていると見るべきでしょう。ちなみにバチカンの実体は宗教事業協会というファンドです。聖職者たちが無限の愛《アガペー》を説く一方で、アエリタリア社などの軍需企業に莫大な投資をしているわけですから、そのような欺瞞に国際社会の本質があると考えなくてはなりません。

25 ミサイルの狙いは都市でなく福祉なのだ

――いずれにしろ国民は敵を見失っていますよね。このところ「反日」という言葉が流行語みたいになって、中国や北朝鮮を敵視する風潮が蔓延していますが、実際の敵は隣国ではなく、日本の植民地化を推進するグローバル企業の連合です。

結局そんなふうに敵を誤認させる装置《ガジェット》として北朝鮮のミサイルが利用されているわけです。国民はまさかこの事件が多国籍企業と各国政府による作劇だなんて想像すらできませんから。しかし、外部の敵というのはナショナリズムを掻き立て国民を右翼化させるには最高の手段なんですよ。言い換えると「外国から攻撃されている」という単純な文脈によって左翼的な価値の一切を放棄させることができる。

――要するに左翼的価値を撲滅するために北朝鮮問題が利用されている。そして右翼思想が逆に植民地体制を推進する道具にされている、ということですね。

そのとおりです。左翼的な価値とは社会権や福祉権のことですからね。繰り返しますが彼らの目指す市場原理主義（新植民地主義）は教育、医療、福祉などに関わる諸権利の一切を解体し、そこで浮いたカネを多国籍企業の減税や補助金に付け替えることを中心手段とします。だから右翼思想が台頭して左翼的な価値が衰退することは願ったり叶ったりなんですよ。というか、最初からそれを狙っているわけです。

――ミサイル騒動をきっかけとして、在日に対するヘイトデモがますます過激化していますが、あれなども人工芝運動（団体や企業が市民運動を偽装しておこなう活動）なのかもしれませんね。それだけでなく、今社会を席巻する過激なジンゴイズム《自民族至上主義》の背後にも国策があるように思うのですが。

だから「パヨク」などという左翼へのスティグマ《馬鹿にした言葉》も作為的に作られたものです。つまり支配グループは「軍事独裁政府による市場原理主義の推進」を目指すことから、ナニー・ステイト論（社会権や福祉権を馬鹿げたことだとみなす思潮）を国民の意識に浸透させ、やがては福祉国家を根本から解体する狙いなのです。

――日本の右翼化については色々議論されていますが、「福祉の解体」という視点では全く語られませんでした。

現に年金支給の10年先送りが既定路線となり、先の選挙公約であった教育の無償化も白紙に戻されているじゃないですか。生活保護の等級も見直しとなり引き下げが相次いでいるし、そのうえ貧困率が過去最高を更新する中で増税や社会保険料の引き上げも予定されています。先ほど「子ども食堂」が３７００カ所にまで増えている話が出ましたが、あれだってＮＧＯやＮＰＯによるもので、国が税金で運営しているわけじゃない。これが右翼化の結果というか、もっと酷いことになるでしょうね。

――福祉の悪化は経済の悪化に直結しますから、大変なことになるのは間違いないと思います。

例えば年金の支給年齢引き上げに伴い定年を延長したところで、定年が延びるということはその分新卒者の雇用が消失することを意味します。だからそれによって就業困難者が益々増えるでしょう。まして今後国は経済団体に求められるまま移民労働すら解禁するのですから、この先に現出するのは「国民的競争国家（若年者と中高年者と外国人が職を奪い合い収拾がつかない体系）」です。そうなると消費不足からマクロ経済が縮小するという悪循環から脱出不能になります。そもそも経済政策はこのような「波及性」を考えて実行しなければならないのですが、国はそんなこと全くおかまいなしですからね。と言うか先の話どおり彼らは「政治の失敗」を仕掛けているわけですよ。

26 「戦前の無責任の体系」の再現

――今時代の薄気味悪さの正体というか、核心みたいなものが見えてきたように思います。

先の衆院選で安倍晋三が日の丸や鉤十字旗を掲げた群衆を前に演説するシーンは極めて時代を象徴していましたね。そのような暴力右翼的エクリチュール《恰好や振舞》が戦争前夜のごとく日常に浸透し、我々の理性を冒しているわけですよ。先ほども話しましたが、ドイツではナチズムにより蹂躙された歴史を踏まえ、その再興を目指す運動や、それをシンボライズする表現の一切が違法とされています。しかしニホン国はこのような反省的なシステムを全く持たないわけです。

――つまり反福祉とナチ化が同期的に進行しているわけですね。

そのとおりです。社会学者のマンハイムは「社会計画（福祉重視政策）」がナチ的体制への対抗措置だと主張しているんですよ。だから逆説的に反福祉政策は国家のナチ化を招くと言えるでしょう。だからこそ、北のミサイル問題がこれにどのように利用されているかを究明しなくてはならないのです。

――ここで一旦話を整理しましょう。北朝鮮のミサイルが飛来する↓右翼思想が台頭する↓左翼的価値が排除される↓福祉、教育、医療に関わる予算が大削減される↓浮いたカネが軍事費や大企業の減税に充てられる↓国民が貧しくなる一方で企業家と投資家はボロ儲けするという図式ですね。これは非常に分かりやすい（笑）。

そういうことです。要は北朝鮮のミサイルによってグローバリズム《多国籍企業支配》をスムースに推進できるということです。つまりミサイル騒動によってナショナリズムを掻き立てると同時に、先軍主義（社会資本を軍事に優先して使う体制）を推進しているわけです。そもそも先軍体制とは究極の零和概念《ゼロサム》ですよ。すなわち国民部門の資産を没収し防衛費という科目で洗浄した後、内外の投資家や企業家に付け替えるという極めて洗練された「資産移転」のスキームであるわけです。しかし何ら生産を行わない軍隊という組織にありったけの社会資本を注ぎ込むわけですから、国民生活の破綻は確実だと言えます。これはもはや丸山真男の言った「戦前の無責任の体系」

の再現ですよ。

――となると、やはり戦前回帰ですか？　現に先の衆院選では自民党が過半数議席を制し、いよいよ昭和の翼賛体制が再登場したように思います。

戦前回帰的体制ではあるけれど、それは「経済植民地化が進行する最中に原発事故が発生した」という現代ニホンの複雑性を反映した極めて特殊事情的なクラティア《権力支配》です。ドゥルーズ的に言うと「無限の差異（同じ繰り返しに見える社会現象も、よく観察してみればそれぞれが異なる）」でしょうか。

――だとすれば、それは凄まじい独裁の体系となるでしょう。

というか、すでに日本の政治システムは暴力的な独裁体制ですよ。何度でも繰り返しますが、3・11の被災者の支援を打ち切り、避難先の住宅から立ち退きを求めて訴えるなんてことをやっている。つまり国家は国民に対し狂暴化している。そもそも無軌道な原発行政によって生じた事故なのに、加害者である国が被害者である国民を告訴するなんて全く狂っていますよ。

——残虐といわれた旧ソ連の官僚独裁ですらチェルノブイリの被災者を救済しましたからね。日本の体制はどのような独裁に分類すればいいのでしょうか?

シュミットによると独裁にはテロ防衛などのため一時的に権力を集中させる「委任独裁」と、クーデターにより議会を乗っ取る「主権独裁」の二つがあります。自民党が陸山会事件（反米政治を掲げる鳩山小沢政権が国策捜査により解体された事件）を端緒に復権した経緯を窺えば、日本のそれは後者のタイプですね。

——なるほど小沢一郎の疑獄事件がクーデターだったと仮定すれば、全てが整合的に説明できますね。

ちなみに「主権独裁」は非常事態という名目で長期の専制を図ります。このように考えると、北朝鮮脅威論によって自民党独裁が長期化する現状はシュミットの理論どおりなわけです。つまり彼らは9・11後の米国と同じように非常事態を常態化する（国民が知らないところで時限的措置を恒久的措置にする）という手法によってファシズムを樹立するわけです。

27 右翼が国体に唾を吐く

——いずれにしろ北のミサイル問題は日本の内政問題に利用されています。おっしゃるとおり福祉の解体には格好の材料でしょう。グローバル資本が推進する市場原理主義にとって、左翼的な制度資本が最大の障壁であるわけですが、それをまんまと排除できるわけです。

よくよく考えなくてはならない事は、我々の生存を保障する諸制度の大半が左翼的な運動によってもたらされた事、そしてそれが同時に分厚い中間所得層を形成し、生産——→消費——→生産——→消費——→……という上昇スパイラルを作る経済システムとして有効に作用してきた事なのです。

——おっしゃるとおり昭和の日本経済は資本主義と社会主義の混合によって成長しました。

もっともそれは日本特有の現象ではないんですよ。50年代以降の北欧や中南米諸国も資本主義に社会保障の充実を盛り込んだ開発主義によって繁栄しています。要は国民窮乏化策がファシズムと共産主義を台頭させ第二次大戦を引き起こした反省に立ち、福祉権と労働権の強化によって中間層にカネを回す仕組みを作ったわけです。

——そして個人消費が設備投資に繋がり、結果として企業部門にも政府部門にもカネが回り、万事が上手くいってたわけですね。

そういうことです。だから社会学の定理《テオレマ》としてリベラル的価値の根絶は経済崩壊と戦争国家をもたらすと言えるでしょう。現実としてラテン諸国は70年代に軒並み開発主義が撤廃され、市場原理主義の下で軍事国家化した挙句に経済破綻しました。だから重要なことは右か左か、資本主義路線か社会主義路線かではなく、それらをうまく混交して全体社会にカネを循環させるセンスなんですよ。

——国民にカネが回らなければモノが売れない、モノが売れないと企業にもカネが回らない、そうなると国にもカネ（税収）が回らない、だから共倒れになる前に国民にカネが回る仕組みを作ろう、という分かりやすい論理です。

これは簡単な思考実験ですよ。原発事故が進行する渦中で国保が無くなればどうなるか、医療がプレミアム化すればどうなるか、ただでさえ先進国最低レベルの教育費が削減されたらどうなるか、国策としてプレカリアート《不安定身分の労働者》が増産される時代に生活保護が削減されるとどうなるか、残業代の不払いや解雇の自由化が認められるとどうなるか、年金の支給開始が10年も繰り延べられるとどうなるか、いずれも容易に予測できることばかりでしょう。

――つまり戦後70年以上にわたり日本人が築き上げた制度資本の一切が、北朝鮮のミサイル問題を端緒として解体されようとしていると。

そのとおりです。我々の生存を保障する「リベラルな制度資本」は決して自然発生したものではない。先の大戦における３００万人もの戦没者、その何倍もの身障者になった人々、家族や財産を失った人々などの夥しい犠牲の上に成立したものです。にもかかわらず保守を自称する者たちがそれを嘲笑い挙句に抹消しようとしている。これはもはや右翼が国体に唾を吐いているも同然です。

——今時そんなことを言うと「パヨク」と罵られますが、これほど下品な言葉もないと思います。

我々を取り巻く問題群は左翼右翼に二分して解決できるほど単純なものではないのですが、要はそういう〝風潮〟が政治的動機によって作られているわけです。繰り返しますがマンハイムは福祉重視政策がナチ的体制への防御壁だと主張しています。だとすれば、我々の社会は逆説的にナチ化していると言えるでしょうね。そもそも大戦中に枢軸国（ナチス連合）が反福祉国家と称されていたことを忘れてはなりません。

28 言語の壊乱から社会の錯乱を考える

――北のミサイル問題が取り沙汰され始めた頃から、左翼や右翼という言葉の使われ方がおかしくなっているように思うのですが。

要は右翼左翼という語に差延（時代とともに本来の意味が失われる現象）が生じているわけです。そもそも保守（右翼）とは伝統社会や独自文化を護持し、国民経済と独立主権を絶対とする立場です。しかし今時代の保守は自由貿易による国家の植民地化を推進しているとおり全く真逆のスタンスです。自民党や日本会議などはその典型でしょう。これに対して左翼（リベラル）とは労働権と福祉権の充実を目指し、弱者の救済を至上とする立場です。しかし今時代の彼らは保守勢力と協調して制度資本（医療や教育や労働や福祉に関わる諸権利）を解体しているとおり、右翼の補完勢力に成り下がっているわけです。

――要は言語の混乱が日本社会に生じている。だから余計に政治の有様が不明になっているということですね。

だからこそ我々は言語論的転回（言葉の本来の意味ではなくその使われ方から社会の動静を探る姿勢）を思考の枠組みに据えなくてはなりません。言い換えると「言語の恣意性（体制によって意味が書き換えられること）」を常に意識しなくてはならないのです。繰り返しますが、現代ニホンの右翼（＝保守）なんて外国資本に与して売国する者の総称ですよ。そして左翼とはそれとの対立を装いながら売国を幇助する者の総称です。つまりこの国では本来的な意味における右翼左翼が絶滅し、在るのはそのミメーシス《擬態する者》の集合だけなのです。今時はそのくらいドラスティックに思考しなくてはならないわけですよ。

――つまり左翼と右翼の対立も両建構造《デッチアゲ》だということですね。

そのとおりです。結局のところ左翼も右翼も対立を装いながら裏では手を携えて改憲を目指しているわけです。だからこそ「言葉と意味の齟齬」を念頭に置かなければ、つまり右翼左翼という言葉が本来の意味を喪失していると理解しなければ、時代の本質は何一つ見えないでしょうね。

――共産党や社民党も原発事故のヤバい実態を国会で取り上げませんからね。それどころか与党と協調して隠蔽すらしている。この問題で頑張っているのは山本太郎くらいです。

志位和夫や福島瑞穂とか「正義の人」っぽく見えるから余計始末が悪いですよ。政治的な対抗勢力《イブ》が在ると国民に錯覚させますからね。いずれにしろリベラルはとっくの昔に弱者の救済という命題《テーゼ》を喪失しています。つまり共産党も社民党も自民党の衛星政党に過ぎないわけで、もはやこの国には世界観政党（理想とする社会の実現を目指す政党）など存在しないと断言してもいい。労組だって今や飾り程度のものでしょう。だから左翼なんて言葉はかつてそれであったものの墓碑銘《エピタフ》に過ぎないというのが僕の見解です。

――しかし国民の大半は右翼左翼の意味もろくに理解していないのが実情です。それほどまでにこの国の知性は劣化している。政治リテラシーなど無いに等しいですよ。

僕は常々「右翼の意味も分からない馬鹿どもが右翼を自称している」と書いているんですが、

いわゆるネトウヨたちは「自民党は保守政党ではない」という意味が理解できないわけですよ。軍国路線を推進して中国人や韓国人を馬鹿にするのが保守だと本気で思っている（笑）。要は右翼左翼の基本的な定義すらできない。「伝統的な文化や風土を継承し、国民経済を発展させ、国体の護持に努めるのが保守なのに、その全てを経済特区《SEZ》や自由貿易《TPP》によって根こそぎ解体する自民党をなんで支持するの？」と尋ねても、質問の意味すらも分からない。ぶちまけて言うと、知能が低すぎて議論にすらならないわけですよ。

——そんな馬鹿共が北朝鮮のミサイル騒動を真に受けて乗せられているわけですよ。

だからこの際はっきりと現代ニホンにおける右翼（保守）とは「外国資本に与して売国する者の総称」、左翼（リベラル）とは「右翼との対立を装いながら売国を幇助する者の総称」と定義していいのだと思います。いずれにしろこの二語の外示（表記）と内示（意味）は今後さらに乖離するでしょう。つまり本来的な意味からドンドン遠ざかって不明になるわけです。

——まさに「始めに言葉ありき」ですね。まずは言葉をはっきり定義するところから出発しなければならない。

だと思います。現在の日本では右翼左翼という言葉に代表されるとおりサンス（意味するところ）がコントルサンス（正反対の意味）に転じる現象が起きています。これほど社会が危機的状況に陥りながら、反抗的な社会理論が形成できない事情も、結局は言語の壊乱によって状況の理解が覚束ないからですよ。だから我々は国家や政治や社会や経済などの観念一切をアントニム《反義語の思考》を通じて修正しなくてはなりません。そうやって「自明性の罠（当たり前だと信じていること）」から自身を解放しなくてはならないのです。

――全く『１９８４年』さながらの社会状況です。この小説でも言語破壊が統治の手段であることが滔々と語られる場面があります。

ヴィトゲンシュタインが言ったとおり、そもそも世界認識とはコンテキスト《文脈の記述》それ自体ですからね。だからコンテキスト《文脈の記述》を構成する言葉の意味がすり替えられたならば、世界認識そのものが反転してしまうわけです。オーウェルの小説の中でも「ニュースピーク《矛盾語法》は思考の範囲を拡大するためではなく、むしろ縮小するために考案されたものだ」という台詞がありますが、我々の国語がこのような状況だと考えて間違いないでしょう。

――だから自民党みたいな売国集団を愛国保守として崇めたり、北朝鮮ごときの弱小国を巨大テロ国家に祭り上げるという倒錯が生じる。

そのとおりです。だから我々はソシュール的に語用論の視点から物事を点検する必要があります。もっともそんな難しいことではなく、言語の意味や使われ方についてもう一度考え直そうじゃないか、程度のことと捉えて頂いて結構です。

29　二分割思考に陥ってはならない

——秋嶋さんはどちらかというと左翼《リベラル》の立ち位置なのでしょうか？

そもそも「外国資本の侵略から国民経済を守れ」などという僕の主張は本来的に右翼の立論でしょ？　ちなみに僕はそれをテーマとしてすでに10冊以上も本を書いているわけですから、この前提においては極右だと言ってもいい。福田和也だってこれほど愛国本を出していないじゃないですか（笑）。その一方で医療・福祉・教育の充実が国家の絶対的な役割であるという左翼的な信念もあります。だからアイゼンク図式（右翼左翼の相関図）みたいに単純な分類は不可能です。

——たしかに思考を右翼か左翼かに二分割してしまうと、時代の複雑性の一切を見失ってしまうのですが、むしろそのような単純な考え方が政治利用されているのではないでしょうか？

そのとおりです。市場原理主義（植民地経済）が過渡期に入ると格差や貧困などの社会矛盾が露呈し、財政や経済の破綻から政治の不全（むしろ政府機能の消失）が誰の目にも明らかとなります。そうなると「集団の噴出（反体制運動に発展する国民の大不満）」が生じるため、それを「愛国」、「パヨク」、「理屈を言うな！」などのストックフレーズを絶叫して封じ込めるわけです。つまり、そうやって問題を右か左かに二分割して本質的な議論を無効にするというやり口なわけです。

——そのような風潮を助長するためにも北朝鮮のミサイル騒動は都合がいいわけです。

そういうことです。「外部の敵」によって挙国一致体制を図ることは古典的な統治手法なんですよ。要は「憎悪の倫理化」によって国民を纏《まと》めるわけです。戦時中は陸軍が「暴支膺懲《ぼうしようちょう》（暴虐な中国を懲らしめよの意）」のスローガンを掲げ国民の敵愾心を煽っていたのですが、今時代は商売右翼《ネトウヨ》が対北朝鮮のそれをやっているわけですよ。それによって隣国への憎悪とナショナリズムが過熱すれば、内政問題が非常に小さなことに思えてくるし、右翼的な時代空気《ニューマ》の中では堂々と改憲論を唱えることができますからね。

――だとすれば右翼化の背後には国策があるということでしょうか？

むしろ国策として右翼化を推進している、と捉えるべきでしょうね。哲学者のゲルナーはナショナリズムを「政治の単位と文化の単位を合致させる運動」と定義しているのですが、新聞テレビとはその中心装置なのです。現に産経新聞などは（広告主や政府の意向で）右翼的に偏向報道していることがOBの証言からも明らかになっているじゃないですか。そもそも「首相動静」を見れば一目瞭然でしょう。読売や朝日やその系列局やNHKの幹部連中が、安倍晋三と連日宴会を繰り返しているんですよ。つまりナチス体制さながらに政権とメディアの談合によって報道内容が決定されている。そうやって北朝鮮の脅威を煽り、右翼思想を台頭させ、改憲に向けて世論合意を形成する狙いであるわけです。

――そう言えば産経新聞が秋嶋さんのことを取り上げていましたよね？

2013年に特定秘密保護法が成立した際、「これから日本はアメリカみたいにブロガーはどんどん逮捕される。だから今のうちに言論なんてやめろ。さっさと媒体を閉鎖しろ」と発信したんですよ。そしたら有力ブロガーが続々と断筆宣言する騒動になって。それで産経が「拙速だ。自民党は言論弾圧なんてしない！」みたいな火消し記事を出したわけですよ。しかしその年の国会で自民党は「反政府的な言論は違法とみなし取り締まる」と正式に答弁しているし（笑）、その2カ月後には知人の暴露系ブロガーが微罪で家宅捜査を喰らっています。本当あれは御用新聞ですよ。プロパガンダ・メディア《政府広報紙》と断言していい。もっとも他紙も同じようなもので代わり映えしませんが。

30　ネトウヨの転向問題

――ここ最近はマスメディアだけでなくブログなど個人メディアの右翼化も凄まじいです。かつて秋嶋さんの仲間だった人々も続々とネトウヨに転向しています。

要は金目でしょう。そもそも自分たちだけいい思いをしようという根性がけしからんじゃないですか（笑）。あれだけ仲が良かったわけだから、一声かけてくれたらよかったのに（笑）。これは典型的な「サラミ戦術」ですよ。要は懐柔によって反抗的な勢力を解体する手法なわけですね。いずれにしろ有名な保守系ブログが自民党ネットサポーターの下請けであることは今時常識です。そうやって連中は内閣官房費からカネを貰って、「安倍ちゃん最高！」みたいな記事を書いているわけですよ。

――昔の仲間が政府側に寝返り、裏切られたという気持ちはないですか？

それはないですね。イデオロギーの実現を目指していたわけでもないし、社会運動みたいなことを共にしていたわけでもないですから。もっとも驚きの感情はあります。かつては「自民党は人殺し政府だ！」とまで言っていたのに、最近では「共謀罪法成立万歳！」などと書く始末ですから（笑）。かくして彼らはそれまでずっと憎悪してきたものと同化したわけです。つまり命を賭けて否定してきたものと全く同じ体系を自分たちのコミュニティに樹立したのです。

——まさにオーウェルの『動物農場』を彷彿とさせる話です。

彼らにとって転向は「時代の潮目が変わったこと」による合理的な判断だろうし、それぞれが立場や利害に則って行動することについて非難する気は毛頭ないです。誰でも自分が可愛いしカネも欲しい。それに僕だって目の前に大金を積まれたら、絶対に同じようなことを仕出かすでしょう。それどころか彼ら以上に巧妙な宣伝記事を書くのだと思います。そもそも日本にはインテグリティ（立場や利害によってコロコロ主張を変えない人格の高潔さ）という概念がないんですよ。むしろ上手く立ち回ることを頭の良さとする文化社会です。戦国武将の逸話なんてそんなのばかりじゃないですか。

――やはり人間である以上逆らえないものがあります。

権力には「価値剥奪」と「価値付与」という二つの機能があります。前者は命令に従わなかった場合、投獄や処刑によって地位や生命を奪うことを意味します。小沢一郎の疑獄事件や植草一秀の冤罪事件、中川昭一の変死事件などがその典型です。対し後者は命令に従うなら報酬を与え地位を保障することを意味します。森友学園への国有地払い下げに関わる全資料を廃棄した役人なんて国税庁長官に出世しているじゃないですか。金正恩だって社会主義とか辛気臭いことやっているより、欧米と仲良く談合して開放政策をやったり、「ならず者国家」の真似をしてカネをもらう方が楽しいに決まっています。

――ネトウヨは「安倍晋三は軍産複合体による政治干渉を排除して、日本を独立国にした英雄だ。軍産複合体による支配は終わった」みたいなことを主張していますが。

それは彼らがでっち上げた文脈ですよ。それどころか安倍政権は武器輸出三原則を撤廃し、安保法を改正し（アメリカの侵略戦争に自動的に参戦する集団的自衛権に署名し）、特定秘密保護法や共謀罪法など戦争法案を続々と成立させ、今や改憲を射程に捉えているじゃありませんか。そもそも日米の軍事企業は凋落するどころか、安倍トランプ連合が先軍体制（社会資本を軍事に優先して使う主義）を推進するおかげで最高益を計上している。

――「安倍政権のおかげで経済は大成長した」という主張についてはいかがですか？　確かに株価は堅調のようですが。

今の株式市場の取引は新株（第三者割当増資）ではなく殆どが発行済み株式なんです。つまり年金機構などの機関投資家が外国人所有の株式を高値で買い取っているだけのことです。だから金融市場の拡大とは真逆に実体経済は縮小しているというのが実状です。要するに潤っているのは経団連など一部の大手企業と投資銀行だけだということです。

――日銀が新たに増刷した200兆円もの紙幣や、我々の年金が株式市場を通じて国外に流れる仕組みですから、国民は益々貧乏になるでしょうね。そもそも国民は金融緩和によって市場に投入されるマネーが、国債との交換だということを理解していません。つまり将来の増税によって自分たちがこれを負担する仕組みに全く気付いていません。

そのとおりです。実はマイナス金利なども国民からカネを毟り取る仕掛けなんですよ。どういうことかと言うと、まず日本政府がマイナス金利によって国債を暴落させる。次にメガバンクが暴落した国債を買い取る。そして日銀がこれを額面で引き取るという単純な手口です。そうやって彼らは月当たり数兆円の利益を上げているとも指摘されている。

――まさに濡れ手で粟ですね。

何の生産活動もしないのに資金の移動だけでかくも莫大なカネを稼げるわけですからね。それもノーリスクで。ちなみに日本のGDPの6割以上は個人消費です。要するにこの国の経済は一般人がモノを買い、それを受けて企業が設備投資することによって回っている。だから経済を成長させようとするのなら、国民全般にカネが回る仕組みを作るしかない。そのためには派遣や非正規を禁止しなくてはならないのですが、この国はそんな議論をすることもなく、少数者にだけカネが回る仕組みを作っている。

――それなのにネトウヨは安倍政権を絶賛している。経済は上手くいっていると絶叫するように宣伝している。要は妄想を事実として語っているわけですか？

というか、ある種の「防衛機制」なのだと思います。要するに自我を守るため、人を騙す前にまず自分で自分の嘘を信じ込むわけですよ。いずれにしろ彼らの言説には何の裏付けもありません。子供のようにただ思いつきを喚いているだけなのです。傀儡政府のやっていることが悪政や虐政ならまだいいんですよ。しかし連中は国家の解体をやらかしている。破滅させるつもりだと断言してもいい。そしてそれによって物凄い数の人間が死にます。そういう政党を応援することは、やはり道徳上の問題がありますよ。「人としてどうよ？」、「恥ずかしくないの？」と自問して欲しいですね。もっともネトウヨには道理など通じませんから何を言っても無駄ですが。

31 電脳《ネット》の工作はこうして始まった

――政府が個人メディアを世論誘導に利用する意図は何でしょうか？

社会学者のコーンハウザーは『大衆社会の政治』という著書の中で、現代社会においてはマスコミよりも身近なオピニオン・リーダーのほうが影響力を持つと分析しています。要するに世論誘導には新聞テレビよりも共同体（地域や組合や宗教やコミュニティなど）の中心人物を使う方が効果的だというわけです。おそらくこのような論理のもとで著名なブロガーを論壇コントロールに取り込んだのではないかと思われます。これはいわば国家による「没価値（利害や立場にとらわれず論理的に思考して語ること）」の抹殺ですよ。

――ネット右翼の台頭はここ5、6年のことのように思うのですが。

２００７年の参院選がエポックな事件だったのではないでしょうか。それまで表に出なかった重大情報が選挙を前に2ちゃんねるなどで大量にばら撒かれたんですよ。例えばこれには財政投融資（特殊法人が国民資産を流用する制度）によって年金積み立ての大半が不良債権化しているという日本医師会のレポートなども含まれていました。

――そしてそれがネット世論を形成し自民党を大敗させた。

そうです。これを契機に「新聞テレビによって世論を操作する」という旧来の支配スキームが破綻したのです。だから自民党としては2ちゃんねるやブログを主戦場とするデマゴーグ《誤誘導する者》の養成が急務となったわけです。仮説ではなく現にそれを端緒に自民党コミ戦（コミュニケーション戦略チーム）などという組織が出来ているわけですよ。これはもうネトウヨは国費によって活動していると言っていいでしょうね。

――それにしても今時の保守ブロガーは殆どが似非右翼のように見えます。まともな保守なんて絶滅状態ではないでしょうか。街頭でも電脳でも、彼らの主張は恐ろしく単純で幼稚です。

保守ブロガーの大半が平和主義へのポレミック（敵対的な意見をまくし立てること）を商売とする偽装右翼でしょう。そもそも保守派が「外国の軍隊が国内に駐留する状態での憲法改正」を支持するなど狂っていますよ。ナチス占領下のフランスでも、連合国統治下のドイツでも、これだけは絶対にやらなかった。おそらく国民の90％はバラエティとお笑いで脳味噌が腐っているから、もはやそれがどういう意味かすらも分からないでしょうが。

――結局、ネットの書き込みも大半がカネを貰ってやっているわけですね。

例えばクラ○ドワー○スという会社は「政治系の記事作成。保守系の思想を持っている方限定。1記事で手数料込み800円」なんていうネトウヨの募集広告を出しているんですよ。最近では「あなたのIT力を、国の広報力に。内閣広報室では、首相官邸HPの運営、各種SNSでの情報発信等を行う非常勤職員を募集しています！　〆切りは10／22（月）必着」なんて広告を国が出している（笑）。そうやって国民の納めた税金が論壇コントロールに使われているわけですよ。もっとぶちまけて言うと、皆が汗水たらして働いて払った税金が「北朝鮮と戦争しろ！」みたいな書き込みに使われている。

――先ほど構造主義という言葉を使われましたが、ネトウヨの問題も利害関係から見ていけば間違いないということですね。

「あらゆる発話の背後には特定の集団によって企図された文脈がある」という言葉のとおりです。そもそもこうやって全体を俯瞰すれば、ネトウヨは自民党から北朝鮮に繋がる同じ一味なわけですよ。そのような馬鹿馬鹿しさにこの国の構造がよく表れていると思います。

第4章

なぜ国民はこれほど愚かになったのか

32 短絡的な文脈の下で世論が作られる恐怖

――このところ日本人の言語力が非常に劣化しています。これは社会状況と極めてパラレルな関係にあると思うのですが。

全体社会のネトウヨ化と言っていいでしょうね。ちなみにここで言うネトウヨとは「ネットで活動する右翼」ではなく、「反知性主義的な言説を商売にする者」のことです。結局、日本人の言語機能が劣化したのは、ネトウヨ特有のシロギズム《三段論法》的な発話が一般化されたことによるのです。今や新聞テレビも政治も論壇も「オレはこれを主張する、オレが主張するのだから事実である、だから説明の義務などない」みたいな語法を採用して、反証を許さないじゃないですか。要はネトウヨの文法《ラング》に則った発話《パロール》が公用化しているわけです。

――だから北のミサイル問題のように、多角的に検討しなくてはならない事件が恐ろしく単純に語られてしまう。そういうふうに考えると反知性主義的な発話が意図的に作られている。

典型的なシングルイシュー（問題を単因にして片付ける手法）ですよね。現に「隣の狂人国家が核ミサイルを発射して危険だから憲法改正が必要だ」という短絡的な文脈の下で世論が出来つつあります。冒頭で中露と北朝鮮の核ミサイルの数を比較して、北の脅威だけを取り上げることがいかにナンセンスかを証明しましたが、今の社会はそのような計量的な思考を許さないわけです。反証を黙殺するか「理屈を言うな！」の一言でおしまいです。しかし「言語が完全になったときが革命の完成である」という洞察のとおり、これはとてつもなく危険な状態なのです。

――日本社会の右翼化が指摘されていますが、そうではなく愚昧化していたわけですね。

愚昧化と言うより幼児化と言うほうが適切かもしれません。すでに日本にはマトモに議論できる大人がいないじゃないですか。議論のルールとは自説に確証（証拠となる事例）を添えること、反証された場合（相手の示した証拠によって自説が覆された場合）は自説を撤回することです。しかし今時こんなことは誰も考えないでしょ？

――ただ脊髄反射的に思い付きを語り、挙証責任を果たさない。

つまり「アドホック」に徹しているわけです。だから一旦反証されると感情的になって収拾がつかない。そんな連中にとっては「パヨク」だとか「反日」だとかいう常套句《ストックフレーズ》はすごく便利なんですよ。「聖なる真理語」と言ってもいい。碁盤をひっくり返すように一瞬にして反証を無効にできる万能な語法なのです。

――ある種の決断主義ですよね。「オレはこれを主張する！　オマエは黙れ！　議論には応じない！」で全てを片付ける。これが今の世相というか、この手合いの人間が物凄く増えたように思います。

決断主義であり図式主義と言えるでしょうね。要するに彼らのロジックは帰納法《ボトムアップ》ではなく演繹法《トップダウン》なんですよ。まず結論（利害や偏見）が先にあり、それを詭弁でゴリ押しする。しかし演繹法は前提が間違っていると結論も間違ったものになる。だからネトウヨの主張はメチャクチャなわけです。そして今やこのような語法は国政や報道や教育の場でも援用されている。殆ど公用化していると言ってもいい。おっしゃるとおり「北朝鮮がミサイルを発射した！　危険だから改憲するぞ！　反論は許さん！」みたいな感じです。

――「はい論破！」という言葉もよく使われます（笑）。言い逃げすると議論に勝った気になれますから。

ネトウヨ《反知性主義者》は自分たちの主張に矛盾をきたす事実を突きつけられてもびくともしませんからね。例えば彼らが不当とする在日の生活保護費がせいぜい1兆円程度であるのに対し、アメリカが強制した派遣法改正によって日本人の労働者は毎年30兆円の所得を逸失している。そのような矛盾に対しても「アメリカは日本を守っているからいいんだ」みたいなことを言う。つまり彼らはとても「子どもっぽい」わけですよ。むしろ「子どもっぽい」ことによって議論を封じ込める。そしてそのような振舞い自体を武器にしているわけです。

――言い換えると彼らは熟議を避ける。自分たちに都合のいい理論を振りかざし、おそろしく単純な世界観を強要する。これは複雑性の排除と言ってもいいのではないでしょうか。

ネトウヨの主張は殆どが幼稚な疑似理論です。つまり主張に説明的根拠を殆ど持たないわけですよ。例えば彼らが自民党を擁護する際に「国は通貨と国債を無限に刷れる。だから国に借金なんてないんだ。自民党の政策は間違っていない！」みたいなことを言うわけですよ。しかし連中は一般会計に国債償還費という科目があることすら知らない。つまり国債が発行される度に相当分の税収が償還に使われる。そうやって福祉や教育や医療の予算が削られて国民は貧しくなる。そうなると個人消費の低迷からマクロ経済が縮小するという基本的な原理すら知らない。それだけでなく、経済ヴォリュームを超えた紙幣を刷ると通貨が希釈され暴落するという単純なメカニズムすら理解できていない。

――それどころか自分たちの理論がケインズ学説を超えたと本気で思っている（笑）。

現にデタラメな金融緩和によって円はこの5年で30％近く暴落しているのですよ。要するに彼らは経済指標を読む程度の知性すらないわけです。そしてこういう風に理詰めの話になると、「反日だ！」、「朝鮮人だ！」、「パヨクだ！」とか絶叫して議論を封じ込めるわけです。だから反証される場には絶対出ようとしない。有力ブロガーなどの下に集まってセクトを作り、身内同士で互いを褒め合うコミュニタリアニズム《共同体主義》に徹している。結局のところ、個人も組織も健全かどうかは、議論に開かれているか否かによって測られるのです。

33　文明化に挫折した国

——問題はネトウヨ的な言動が電脳の界隈だけでなく社会現場の全域に広がっていることです。おっしゃるとおり今や政治家の答弁なんて全てがネトウヨ的な詭弁だし、日常でもその類の人間が物凄く増えているように感じます。

要は反証に応じない、あるいは反証を無視することをルール《格率》にしているわけです。その意味では極めてサイコパス《人格障害》的な言説戦略が取られている。つまり自分に不都合なことは「存在しないこと」か「聞かなかったこと」として片付けるわけですが、これはカルトと全く同じ方法論ですよ。だからネトウヨとカルトの信者に共通する「臭い」があるのは決して偶然ではありません。現実の自分や社会に向き合う成熟さに欠ける点において両者は同じ類なのです。

——考えてみれば戦前から戦時を通じて日本も神道というカルトの営みだったわけです。そこらへんの事情も当時の社会状況と極めて酷似しています。現に国会議員の半数以上が日本会議などの神道系の会員で占められていますし。

僕は今の日本がカルティックミューリー化していると主張しているんですよ。これは「呪術の園」と言い換えることもできます。要は全体社会が閉鎖的なカルト集団化して外部の価値や常識を全く受け付けない構造になっている。そして国民はそのような狂信的な教養に纏《まと》め上げられ破滅の道をひた走っているわけです。現に4基もの原子炉が崩壊した超ド級の汚染地に膨大な未成年を放置しているし、虚仮威《こけおど》しのミサイルが飛んで来た位のことで平和憲法を破棄しようとしている。

――なぜこんなことになるのでしょうか?

要するに国の指針が非科学に依拠しているからですよ。すなわち論理や科学を抹殺して、迷信や神話を原理に据えているからこんなバカなことができるわけです。閉鎖的なカルト集団とは「対他存在（外部の目に映る自分達の有様）」を喪失した集合とも言い換えられますが、もはや諸外国から見れば日本人の全員がイカれていますよ。

——自覚がないだけに始末が悪いと思います。

これは一種の中世が回帰した状態とも言えます。そんなことから僕は『終末社会学用語辞典』という自著のサブタイトルに contemplation of new medievalism（新中世主義の観想）と入れたのですが、要はオカルトや疑似科学に傾斜する今社会を批判し、理性や論理に基づいて考え直すことを訴えたかったわけです。

——たしかに「食べて応援！」と「進め一億火の玉だ！」は中世的な思考に通じるものがあります。どちらも迷信を国策の標語《スローガン》にしているわけですから恐ろしいです。

そのような暗愚というか妄動というか、いずれにしろ国家カルトの錯迷によって破滅に突き進んでいく今の世相は昭和と酷似しています。いやむしろ「ナチ前夜」と言うほうが適切かもしれません。僕は日本史の最大の汚点がナチスと同盟関係にあったことだと思うのですよ。当時の日本人は絶滅収容所で何百万もの人々を産業的に殺戮するキチガイ連中とつるんでいたわけですが、性懲りもなくまた同じような体系を作ろうとしている。かくもこの国は反省的知性に欠けているわけですね。

34 液状化する現代

――北朝鮮問題をきっかけとして気持ちの悪い時代になっていますね。恐ろしさより先に不快感がドッと込み上げてくるような世相です。

「嘔吐の時代」と言えるかもしれませんね。それはつまり正邪や善悪や左右や真偽が逆転する次元であり、場当たり的《アドホック》な言説が先行し条理が後退する様相であり、マトモな思考者が撲滅され馬鹿どもが蔓延《はびこ》る世相であり、「矛盾による支配」が公然化する世情です。すなわち吐き気の原因とは矛盾ですよ。

――「矛盾による支配」ですか?

そうです。毛沢東が「矛盾論」で主張したように政治の本質は矛盾なんですよ。そして今の日本ではブレーキとアクセルを同時に踏み込むような論理矛盾によって思考を破壊することが統治の手段になっているわけです。先ほど「矛盾は大きいほど見過ごされる」と言われましたが本当にそのとおりで、メチャクチャ過ぎることは思考力を奪うんですよ。オーウェルの『1984年』でも矛盾語法が支配の中心ツールとして描かれているでしょ。例えば「戦争は平和である」とか「自由は屈従である」とか「無知は力である」とか、そうやって相反する概念を同時受容させることによって理性を破壊するわけです。

――日米両国がさんざん北朝鮮を支援しておきながら、今頃になって「ならず者国家」呼ばわりしているのも矛盾です。他にどのような矛盾が挙げられますか？

多すぎて切りがないですよ。例えば原発事故の被災者を（避難先の住宅から立ち退くよう求め）告訴しながら有責者である文科省の役人の給料を上げる、財政難を建前に年金支給を10年先送りしながら公務員の給与を引き上げる、保守政党を名乗りながら会計制度の変更によって東証企業を外国人に売り飛ばす、核ミサイルの脅威を事由に改憲を唱えながら安全を根拠にオリンピックを開催する、子ども食堂に1円のカネも投入しないのに大統領の娘《イヴァンカ》には57億円もの国費をくれてやる。

――たしかにそうです。

いやいやこんなものではない。未だ２０００万人の年金記録が復旧されていないにもかかわらず議員年金を復活させようとする、福島原発事故が人類史上最悪のレベル７であると公表しながら住民にそのような汚染地帯への帰郷を強制する、子どもの甲状腺ガンが３００倍以上も増加しながら原発事故との関連性はないと主張する、「権力の監視」を自称しながら国家元首と連日宴会する、東京がミサイルの射程に入ったなどと報道しながら新聞社のビルを建てる。

――全く頭が痛くなります。

まだまだありますよ。国家の独立を訴えながらＩＳＤ条項《主権の破棄》を受け入れる、仏教者でありながら戦争政党と化した公明党を支持する、国技であることを喧伝しながら上位者は外国人によって占められる、国民的アイドルグループとして売り出しながら持ち歌の殆どが知られていない、独立行政法人と称しながら教育無償化予算10倍相当の補助金を受ける、自由や民主を党是としながら弾圧法を施行する。

――本当にうんざりしますね……。

まだ終わってないですよ。300兆円の過剰紙幣を刷ったことにより通貨が30％ちかく大暴落したにもかかわらず経済政策は成功だと騒ぐ、空襲警報によって国民をパニックに陥れながら夏休みの外遊に出かける、「カネがないから」と東北児童の疎開請求を退けながら外国には100兆円規模の援助をする、パラリンピックの大会場を設営しながら障碍者福祉の助成を打ち切る、公共放送局が戦争法案審議の中継を断ち切る、消費者の権利保護を目的に設立された庁が核汚染食品を流通させる。

――ちょっと吐き気がしてきました……。

ついでだからもっと挙げましょう。現実を直視しなければなりませんからね。先進国中最悪の文教予算にもかかわらず「人作り国家」などと宣う、種籾の価格が5～10倍になるにもかかわらず種子法を廃止する、国民所得の低下により内需が壊滅するにもかかわらず派遣法を強化する、右翼が（原発事故によって国土を汚染させた）東京電力の警備をする、神道系の議員連盟がキリスト教原理主義者が起草した戦争法案を施行する……。

――まさに「嘔吐の時代」ですね。矛盾を知れば知るほど気分が悪くなる。

これほど凄まじい論理矛盾が横行しているから気分が悪くなるわけですよ。それはいわば足元が液状化するような気持ち悪さなわけで、この意味において我々は社会学で言うリキッド・モダン《液状化する現代》に在るのだと思います。

――やはりマトモな人間ほど、物事をしっかり考える人間ほど生き辛くなっているのだと思います。そしてこの傾向は北のミサイル脅威を根拠とする改憲論によってさらに加速しています。

結局のところ「矛盾による支配」はヘーゲル弁証法の政治的応用に他なりません。だから哲学者のアドルノはこれに気づいて「否定弁証法（矛盾を仕掛ける側の論理に取り込まれない思考法）」を提唱しました。もっともそれは彼自身がかつてナチの協力者であった反省に立つ理説なのでしょうが。いずれにしろ我々もまた時代の狂気に感染することなく理性の把持に努めなくてはなりません。強制収容所を生き抜いた人々がそうであったように、どれほど過酷な状況でも正常な精神を維持しなければならないのです。

35 メディアの洗脳手法を解説する

――今時代のマスコミについてどう思いますか？　私には彼らが巨大な政治宣伝の装置であるように思えるのですが。

昨年の衆院選でも新聞各紙が投票日の2週間ほど前から自民党の優勢を執拗に喧伝していましたからね。これは支持政党の劣勢を伝え投票の意欲を削ぐ「アナウンス効果」であると同時に、「合意のねつ造」というプロパガンダの典型的な手法です。要は「有権者の大半は自民党を支持することで一致している。だから野党に投票しても無駄だ」という刷り込みをやっていたわけです。

――選挙前に流された各局の討論番組も無内容で本当に酷いものでした。

そういうのを「文化妨害」と言うんですよ。つまりマトモな有識者による討論を排除して、御用学者たちに「争点の操作（本来議論されるべき問題のすり替え）」をさせるわけですね。本来であれば選挙の争点は①福祉（年金や医療）の立て直し②原発事故の対処（被災住民の即時避難と補償の制度化）③財政の一元化（特別会計の廃止）④（貧困解消策としての）派遣法の見直し⑤税制の是正（大企業の過剰優遇の廃止）⑥公務員制度改革（天下りの禁止と天下りに利用される外郭団体の廃止）⑦政治資金規制法の見直し（外資献金の廃止）⑧経済特区や自由貿易の見直し（グローバリズムへの対抗）などに絞られるべきでしたが、このような重大問題の一切が北朝鮮問題にすり替えられていたわけです。

――選挙期間中はずっと北のミサイルの発射シーンが流されていましたが、やはり意識操作を狙っていたのでしょうか？

あれは映像に作為的な解説を施す「ディコード《記号改正》」という手法です。結果として一連の恐怖映像が有権者の下意識に作用し、「防衛のため改憲を公約とする保守党に投票しなくてはならない」という強迫的な文脈を受容させたわけです。そしてそれは一定の時間が経過した後に洗脳の効果が現れる「説得の仮眠効果」をもたらし、多くの国民が自民党に投票する結果となりました。

これはもはや国家が国民に対し心理戦争《サイオプス》を仕掛けているも同然です。だから新聞テレビの全域に情報爆弾が埋まっている位に考えなくてはなりません。下手に触れると理性がバラバラに粉砕されるというわけです。

——それから現在に至るまで、マスコミは北朝鮮問題を根拠として執拗に改憲へ誘導しています。

テレビは朝のニュースや情報番組、昼のニュース、午後のワイドショー、夕方のニュース、夜のニュース、深夜のニュースに至るまで一日中北朝鮮関連の番組を流しています。これは典型的な「恐怖に訴える論証」ですよ。そうやって「北朝鮮が戦争を仕掛けてくる。だから改憲しなくてはならないのだ」と視聴者を教化しているわけです。

——まして昼間から夕方にかけての視聴者の主体は、リテラシーに最も乏しい主婦や高齢者いわゆるB層ですからね。彼らは簡単に洗脳されてしまう。これは絶対に狙ってやっています。

パーソンズの言う「ホッブズ問題」ですよ。つまり統治集団は民衆をどのように説得し、調教し、規範に従わせ、操作可能かつ予測可能な群れに仕立て上げるかを常に考えているということです。

――確かに我々は間断なく、しかも執拗に意識操作されていると思います。

これはもう完全な「ガバメント・バイ・プロパガンダ《宣伝による統治》」と言っていいでしょう。開高健が「全体主義体制でマスコミを使ってプロパガンダを仕掛けられたら、もう絶対に逆らえない」と語っているのですが、本当にそんな状況になっています。

――私も原発事故やＴＰＰなどがどれほど危険かを知人に話したりすると、「そんなに重大なことなら新聞テレビが報道するはずだ」と言われるんですよ。要するに新聞テレビが取り上げないのだから大したことはないと反論されるわけです。

常識や慣習によって思考をショートカットする「負担免除」が大衆の特性なのです。換言するならば〝新聞テレビが問題としなければそれは問題ではない〟という認知回路が国民の脳に刻まれているわけです。そもそもマスコミの最大機能はアジェンダ・セッティング《議題設定》です。つまり何を報道番組のトップにもってくるか、何を新聞の第一面にもってくるかを決定し、そうやって問題のプライオリティ《優先順位》を錯覚させる。言い換えると「第一級の出来事を取り消す」わけです。そして国民に知られたくない法案の審議などが行われる時には、決まってと言っていいほど陽動《スピン》のニュースを流します。例えば昨年に共謀罪法が施行される直前なども、新聞テレビは眞子様の婚約や元ジャニーズの薬物事件とか、そんなのばっかり取り上げていたでしょ。

36　教会に代わる現代の礼拝物

——国民はまさか新聞テレビが自分たちを洗脳しているなどと想像もできないでしょうが。

そもそも世界最初の新聞社がイギリス王室の所有であったとおり、マスメディアとは発生の段階から権力のスタビライザー《安定化装置》なのです。ナポレオンだって35の新聞を廃刊して許認可制にしましたからね。レーニンは新聞やラジオを「イデオロギーの武器」と称していたし、ヒトラーはテレビを洗脳機械と位置付けていました。まして日本の報道機関はGHQによってそのまま占領統治の道具にされている。つまり終戦から70余年が経過した現在も、検閲コードがそのまま残っているわけですよ。だから反米的な記事は一切掲載できない。例えばトランプ大統領が財政法の上限を取っ払ってまで軍事予算を上積みするキチガイだとか絶対に報道しないでしょ（笑）。いずれにしろメディアは支配層《1%》が、国民層《99%》に仕掛ける心理戦争の中心ツールであると認識しなくてはなりません。

――今だ民衆は彼らが中立的な報道機関だと思っていますからね。

マスコミの実体は報道機関ではなく広告企業ですから、広告主である企業や官庁に言われるまま我々を欺き洗脳するのも当然なわけです。まして新聞などは購読料より広告料が上回っているわけですから、広告主である彼らに阿るのは当然です。なのに国民はそういう「主従関係《ヒエラルキー》」を全く理解していない。ちなみにフーコーは新聞について「教会に代わる現代の礼拝物」だと語っているんですよ。要は新聞が国民の意識を一つに束ねるエピステーメー《擬制の認識》の装置だと主張しているのです。そうやって我々の意識は規格化され作られているわけですね。

――もはやマスメディアは国民の敵だと言ってもいいですね。現実として我々は報道によって殺されようとしている。

原作版の『仮面ライダー』の最終話を読んだことがありますか？　1号ライダーと2号ライダーがショッカーの秘密基地《アジト》に乗り込んで首領と対決するんですが、実は組織の正体が日本政府で、テレビを洗脳装置にして国民奴隷化計画を推進中だったというオチなんですよ。僕の社会学理論はそこから始まったようなものですが、研究を進めるうち現実は漫画の世界よりもずっと酷いと知りました（笑）。

——確かにテレビ番組は洗脳的というか洗脳それ自体が目的であるように思います。今や報道番組ですらバラエティ化してマトモなニュースを流しません。北朝鮮関連の報道にしても凶悪な独裁国家がミサイルを撃ち込んでくるというステレオタイプなものばかりです。

僕はそのやり口を「パレート・モボクラシー（80：20の原理に基づく衆愚政策）」と言っているんですよ。つまり国民層の80％は自立的な思考が不能な者たちであり、独自に思考できる者は20％にも満たないのだから、前者のマジョリティさえ押さえておけば、どのような矛盾も社会事実としてゴリ押しできる（後者のマイノリティが騒いだところでノイズとして無視できる）という論理です。あからさまに言ってしまえば「視聴者や購読者の大半は馬鹿なのだから、誤誘導したところで気付かれることはない。だからこの前提のもとで好きなだけ虚説を流せばいい」というわけです。

——しかしこの大元のシナリオを書いているのは自国政府ではなく外国の資本ですよね。だとすれば、日本のテレビ番組は彼らによって編成されていると言っていいのではないでしょうか？　構造改革（アメリカ型の市場原理主義を導入する政策）の手段として、愚民化を推進するようなバラエティ番組が多く編成されたとも指摘されていますが、そのようなコンテンツそのものが植民地支配の道具になっている。

そのとおりです。もっとも「ニホンの報道機関が外国の秘密組織に支配されている」などと主張すれば狂人扱いされるでしょうが。しかし現実として宗主国《アメリカ》にはTIA《全情報認知部》、USIA《合衆国広報文化交流局》、OSI《戦略影響局》などの機関があり、支配地域での報道を管理・検閲していたのですよ。現在この三組織は解体され「情報庁」に統合されたと推定されますが、いずれにしろ日本の主要紙や系列局、広告代理店などが、依然として彼らの統制下にあることは間違いないでしょう。

——それについてはN・スノーの『情報戦争』などにも詳しく記されていますが、要するにアメリカのドクトリン《外交政策》として対象国メディアを統制しているわけですね。

現にUSIA（合衆国広報文化交流局）の長官だったJ・ダフィという人物が「情報庁の役目は諸外国に経済市場を開放させることだ」と述べています。ちなみに読売新聞社の社主であり日本テレビの社長だった正力松太郎が、コードネーム「ポダム」という中央情報局《CIA》の工作員だったと米国公文書に記載されていますが、私見としてその可能性は極めて高いと思います。だとすれば、おっしゃるとおり日本人を白痴化させるバラエティなどは宗主国《アメリカ》によって企画されている。要するに彼らは、自国の刑務所でテレビを流し続けることにより（囚人の知能を引き下げ）暴動を抑止しているように、日本国民をテレビ漬けにして家畜化を図っているわけです。

――戦略家のボーフルが語ったとおり、「相手国民の精神破壊」が最も有効だということです。

これもまた妄想だとか散々叩かれるのでしょうが、現実として国民が「おバカ番組」に気を取られている間に、会計法、税法、商法、労働法が外資に都合よく改定され、主要都市が経済特区《SEZ》化することになったわけですよ。言っておきますが、経済特区《SEZ》なんてのは外資が国富を吸い上げるための治外法権区域ですよ。「現代の租界」と言ったほうが分かりやすいかもしれない。いずれにしろ対外債務もなく、途上国でもないのにこれを導入するアホは世界で日本だけです。しかもTPP《自由貿易体制》によって関税が撤廃された上、ISD条項《主権撤廃》すら呑まされようとしている。これでもまだテレビが精神兵器であることに気付いていないのだから救いようがありません。

37 滅亡的事態《カタストロフィ》を前に「セックス特集」で盛り上がる

——そろそろ総論で括りたいと思うのですが、これほどまで日本が悲惨な状況になった原因とは何だと思いますか？　もちろんそれはこれまでのお話どおり、北朝鮮問題をはじめ重層的に複雑な事情が絡んだ結果であって、到底一言で語れることではないと思いますが。

おそらく「内面資産の劣化」ですね。つまり文化の腐敗によって民度が恐ろしく低下したことです。これはGHQが70年以上にもわたって仕掛けた3S政策（セックス、スポーツ、スクリーン）の所産ですから今更どうにもなりません。現に被災地の甲状腺がんが数百倍も増える危機的事態が告げられながら、新聞テレビは相撲界の暴力事件ばかりを取り上げていた、週刊誌は「死ぬまでセックス特集」で盛り上がっていた、国民は下衆なバラエティを見て笑い転げていたじゃありませんか。

――このままだと我々は本当に滅びるしかありません。状況を民主化運動によって変えることはできませんか？

例えばアイスランドは２０１０年に通貨危機に陥り莫大な債務を抱え、ＩＭＦから返済プログラム（福祉・医療・教育の切り捨てや公営企業の民営化などの市場原理主義改革）の導入を求められたのですが、国民は団結してこれを拒絶したんですよ。そして大銀行の解体や社会サービスの強化などグローバリズムとは全く真逆な政策によって国家を再建したわけです。つまり民度とそれを涵養する文化があれば主権を維持することが可能なわけです。

――しかし今のニホン社会にはそれが無い……。

文化の全域が死滅していますからね。音楽も文芸も映画もテレビも思想も言論もアートも殆どゴミじゃないですか。それどころか今やこの全てが非理性主義《イラショナリズム》の道具と化している。そうやって内面資産の劣化が未成熟な国民自我を作り、我々の体系はアポリティカル（低位の娯楽に興味を奪われ政治に関心を失った状態）に陥ったわけです。

――ここまで全体社会の知性が下がると、もはや生命だとか人権だとか社会だとかといった高度な概念が全く抽象できなくなる。つまり本当に大事なことを深く考えられなくなるわけです。

全くそのとおりです。知性劣化によって主体的真理（人倫や生命の絶対性など普遍的な価値観）が消滅したと断定していいでしょう。

――一つの統治策として文化破壊が仕組まれているのは確かだと思います。

宇沢弘文が没前に「植民地主義は文化を破壊する」と語っているんですよ。これには「植民地化の手段としての文化破壊」と「植民地化の所産としての文化破壊（文化は経済の余剰であることから、経済の荒廃に伴い文化が劣化する）」という両義的な意味があるのですが。いずれにしろ戦後の占領統治の段階から被抑圧民衆である我々の知性の根絶が構想され、文化的アイデンティティの撲滅運動が図られていたことは間違いないでしょう。

――おっしゃるとおり文化が腐ると人間が腐りますからね。そして人間が腐ると思考が腐る。そうなると国民は支配に都合のいい群れになる。

このような仮説は「文化理論（植民地化の手段として相手国の文化の抹殺が最も有効であるという学説）」の体現であると同時に、「従属理論（植民地化により被支配地域の経済と文化は同期的に荒廃するという学説）」の証明と言えるでしょう。要するに支配民族は文化破壊によるネオテニー（成人の理性が子供と変わらなくなる状態）化を仕掛けているわけです。

38 文化浄化によるアノミー《理性喪失》

——それにしても昔は今よりマシだったと思うんですけどね。少なくとも90年代くらいまでは文化の創造機能が生きていたように思います。

今時テレビを占めるのは芸のない芸人たちか、昭和の歌謡曲のツギハギ的編集か、細切れのスポーツ中継か、民衆をたぶらかすインフォテインメント（報道番組を偽装したバラエティ）です。書店に並ぶのは恐ろしく内実を欠いた文学か、権力を批判しないジャーナリズムか、あからさまにジンゴイズム（排外主義によって国策を推進する立場）を煽るヘイト本か、反証に耐性のない薄っぺらな経済・政治本かのいずれかです。こんなモノに毎日触れていれば、そりゃ脳味噌も腐りますよ。

——大衆レベルでのアートが潰えていますよね。つまり普通の人に何かを考えさせるきっかけとなるアートが死んでいる。

かつてはポルノやヤクザ映画ですら実存を問いかけたり、人間の尊厳の不可侵を訴えたり、製作者の気魂が鑑賞者に迫るものでした。しかし今や企画の段階で広告代理店とテレビ局がゴッソリ中抜きをするから現場はマトモなものを作れない。日本の映画は60年代をピークに衰退し、もはや死絶期に入っています。Ｊポップだって宇多田ヒカルやＵＡとかが出てきた辺りまではレベルが高かった。

——ところがＡＫＢなんちゃらが登場して業界が談合システムに変わった。各プロダクションがこのユニットに相乗りして媒体を独占するカルテルを作ってしまった。

そして競争を排除するために突出した才能を育てないことを協定にした。その挙句に音楽シーンが死んでしまった、というわけです。これはまさに「文化一般は死の文化である」というデリダの言葉さながらの状況です。このような退廃は音楽シーンにとどまらず人間精神に広く波及しますから、全く由々しき問題ですよ。

――民族のアイデンティティとは歴史と経済と文化であるにもかかわらず、その一角が大崩壊しようとしているわけですからね。

角川文庫の巻末に「第二次世界大戦の敗北は、軍事力の敗北であった以上に、私たちの若い文化力の敗退であった」という刊行の辞が記されていますが、そのとおりなんですよ。結局文化が何のためにあるかというと、かつてのナチス・ドイツや今の日本みたいな体系を予防するためにあるのです。

――こんな文化状況だからこんな国民ばかりになったという説は確かに説得力がありますね。もっともこんな国民だからこんな文化状況だとも言えますが。

ちなみにアーティストという語は元々「作品を通じて社会に働きかける者」を意味するんですよ。しかし植民地化と原子力災害という民族的問題の提起がタブーと化した結果、アートの本来性に挑む人間はメディアの全域から駆逐されました。

――そうやって優秀な編集者やジャーナリストや音楽家や作家がドンドン製作の現場から排除

された、残ったのはカスばかりになったわけです。

パンクやラップですら「感謝」ばっかり歌っていますからね（笑）。この時代に感謝するとか本当頭がおかしいというか、要するに何も考えていないんでしょう。もっともフライング・ダッチマンというバンドと281_Anti Nukeというストリート・アーティストは正面から時代に向き合い立派な作品を作っています。後はパロディストのマッド・アマノさんくらいでしょうか。僕が知る限り今の日本で「アート」をやっているのは彼らだけです。芸術家は多いですが、「アーティスト」と言えるのは彼らだけなのです。

——これはもはや文化浄化《カルチュラル・クレンジング》と言っていいでしょうね。その結果として民度が凄まじく劣化して、たかだかハリボテのミサイルが飛来した程度のことで平和憲法を破棄しようとしている。

そのとおりです。文化浄化によってアノミー（規範となる思考の喪失状態）が進行し、ついには人類の宝石とも言える9条が殺されようとしています。これはまさにF・ファノンが『植民地化の精神病理学』に記した被支配民族の末期状態ですよ。だとすれば我々の社会は「文化破壊はテロリズムより恐ろしい」という所見を体現するでしょう。

39 ミサイル問題がインテリ《知識人》の腐敗を暴いた

——このような状況において知識人は何の役にも立っていませんね。それどころかメディアと共謀して反知性主義を仕掛けている。

現代ニホンの荊棘《けいきょく》（乱れた様相）とはインテリが率先して支配層側に寝返ったことなんですよ。「原発は経済のために必要だ」とか「北の脅威に対抗するには改憲しなくてはならない」みたいなことをテレビや新聞で滔々と述べる。そうやって暗示にかかりやすい大衆から同調的行動を引き出すアクター《行為主体》に成り下がっているわけです。

——外国人ジャーナリストたちは、日本がこれほど酷い状態にありながら、知識層の間から全く抵抗が生じないことに驚いていると言います。

ご存知のように今時ジャーナリストや学者は本を書いても食べられないんですよ。スマホに押されて大変な出版不況ですからね。どっかの大学の講師だったり他の仕事を持っていれば別ですが、著作印税だけでは到底生活が成り立たない。まして会社組織にしたり事務所を設立していたなら尚更です。だからテレビに出演させてもらうか、新聞にコラムを書かせてもらうか、インタビューを掲載してもらうか、講演に呼んでもらうかしかない。まして日本のメディアは新聞資本の下で系列局が編成されるクロスオーナーシップ体制ですから、その枠組みにおいてブラックリスト（反体制的な言論者の一覧）に載ると永久に干されます。つまり御用コメンテイターとして生きるしか術がない。「証言利用」の道具に成り下がるしかないわけです。

――だから彼らのスポンサーである企業や政府に対し不都合なことが全く書けないわけです。すでに日本は世界報道自由度ランキングで70位以下まで後退し、先進国中最悪の状態になっていますが、それは国家による検閲よりむしろ言論者が自主検閲していることによるのですね。

そういうことです。しかしこのような事情は外国も似たようなものですよ。むしろ報道規制やメディア・モノポリー《媒体の独占》は日本よりも欧米の方が酷いかもしれない。現にアメリカなどは報道機関が僅か10社程度の資本傘下に組み込まれたとも言われていますが、こうなると言論の自由など全く画餅になります。過日には『買収されたジャーナリスト』の著者ウド・ウルフコッテの死去が伝えられましたが、あれなどはおそらく他殺でしょう。大人しく言うとおり報道すればカネも地位もくれてやるが逆らえば殺す、みたいな感じですね。

――いずれにしろ新聞やテレビに登場する知識人の言説には警戒しなくてはなりません。北朝鮮問題などもポジショントーク《支配の側に立つ発話》に則っているわけですから。

そもそも新聞テレビのクライアント《広告主》には日本防衛装備工業会の会員企業がズラリと名を連ねているわけですよ。ぶちまけて言うと、報道機関は兵器産業からカネを貰ってニュースを流している。そして知識人たちはそこからギャラを貰ってしゃべっている。だから信用してはいけない。騙されてはならないということですよ。

――秋嶋さんご自身もA日新聞社系の会社で編集長をなさっていたんですよね?

編集長と言っても本紙の折り込み媒体を作っていただけのことです。あの程度の仕事は誰でもできますよ。もっとも本紙の編集も似たようなものですが。実を言うと社説の半分は通信社が書いているんですよ。主要記事も配信のコピペですから、彼らの仕事は世間が考えるほど知的なものではありません。ちなみに新聞社は選挙が近づくと自民党や公明党にペコペコ頭を下げて広告を貰いに行くんですよ（笑）。

――購読者はそんなことも知らずに新聞社が権力と戦っていると信じています。

そもそも新聞協会は自民党に献金しているんですよ。そのうえ記者クラブは国から年間１００億円を超える運営資金を支給されている。系列のテレビ局は国の便宜によって公共の電波を只同然で使っている。そんな連中がマトモな政治記事を書いたり、調査報道できると思いますか？　たまに政権を批判するような社説を書いていますが、それはプロレスと同じで、致命傷になるような事には絶対に触れない。これもひとつの両建構造《ヤラセ》ですよ。だから日本から北朝鮮に莫大なカネが流れていることも書かない。アメリカから北朝鮮に資本や技術が流れていることとも報道しない。国に言われるまま民衆の恐怖を煽り改憲の手助けをする。だから、国民はこのような当たり前のことをもう一度よく考えなくてはなりません。

40 軍隊のサブシステムとしての学校

——これほど日本人が愚かになったのは学校教育の影響もありますよね。日本の教育は文科省の役人が策定した「カリキュラム」であって本質的な学問ではない。もうはっきり「愚民化プログラム」と言っていいでしょう。だから小中高の12年間にもおよぶ教育期間を経ても殆ど思考力が養われない。だから北のミサイル騒動についても全く疑問を抱かないのではないでしょうか。

おっしゃるとおりだと思います。そして運営が極めて兵営的ですよね。現に「放射能汚染が疑われる給食なんて食べたくない」なんていう口答えを絶対に許さない。そうやって「犠牲の分かち合い」を強制している。つまり戦時の軍国教育がそのまま今に生きている。それはすなわち服従と無思考を絶対とする教条です。国民はそれが身に染み付いているから、改憲にも全く抵抗しない。一部のインテリが事の重大性に気付いて騒いでいるだけですからね。

——秋嶋さんの学生時代はいかがでした？　非常に自由な考え方をお持ちですから、よい環境で過ごされたように思うのですが。

とんでもないですよ。僕の学生時代、特に中学時代なんて収容所みたいなものでした。例えば校則を少しでも違反すれば体罰を喰らうんですよ。それも規定の坊主頭からたった1ミリ長いというだけで殴られる。酷い時には乳首をツメでねじ上げられました。痛いなんてもんじゃないですよ。ドバーと出血してシャツが真っ赤になったこともありましたから。それだけでなく問題児と名指しされたら、全校中継のテレビに出演して自己批判を強いられる。それも教職員が納得するまで何回も繰り返しを要求される。北朝鮮というより文革時代の中国みたいな感じです（笑）。尾崎豊みたいなナイーブな人間だったら一週間くらいで発狂するみたいな。今考えると異常なんですが、学校という閉鎖空間では狂気が増幅されるんですよ。だからみんな感覚が麻痺して暴力を暴力とも思わなくなるわけです。

——そもそも学校は世の中の縮図みたいなものですからね。

たしかに縮図です。ちなみに僕の田舎は貧しい自治体だったので、学校給食がなかったんですよ。もっとも公務員はいい給料を貰っていましたから、要は子どもの福祉を削って役人の福利厚生を充実させていたわけです。だから弁当を持ってこられない生徒は菓子パンとジュースで凌ぐしかなかった。戦後の話ではなくバブルを前にした昭和の末期ですよ。ちょうどその頃、教職員の間で徳大寺有恒の『間違いだらけのクルマ選び』がブームになって、連中は競って高級車に乗って来るようになったんですが、生徒は慢性的な栄養不足だから集会とかでバンバン倒れる（笑）。

——どう考えても社会資本の配分が間違っていますよね。

だから学校は官尊民卑社会の縮図なんですよ。生徒はマトモに昼飯を食べられないからマスゲームの練習とかでもフラフラ状態なんですが、そこでまた「オマエは弛んでいる！」とか言って殴られるわけです。だから僕は北朝鮮人民の気持ちがよくわかる（笑）。「両極は一致する」という言葉のとおり、このように考えると、もともと日本社会は北朝鮮的な営みなんですよ。違いは戴いているのが天皇陛下か将軍様か位のことです。

――それは極端なケースかもしれませんが、要するに学校は子供の頃から理不尽を叩き込むわけですね。だから大人になっても社会の矛盾を矛盾とも思わなくなる。そもそも矛盾の意味さえ分からなくなる。だから「絆」とか「食べて応援！」とか「風評被害」だとかのキャッチがどれほど狂っているかも分からない。

フーコーによると学校も教会も軍隊も刑務所も同じ「装置」なんですよ。要するにそのような精神の鋳型によって支配に都合のいいステレオタイプの人間を大量生産するわけです。ちなみにパーソンズは「内面化された価値は個人のアイデンティティとなりやがて社会システムを形成する」と語っているのですが、これはひとつの創発理論と言えるでしょう。つまり学校で無思考の個人が作られる、それが全体化して民族社会を作る、そしてその結果として現在の破局的で残酷な社会状況が在るということです。

――たしかに小中高と12年間勉強してもマトモな文章は書けませんし、日常的な英会話も覚束ない、法律ができる仕組みすら知らないわけで、いったいこの国は何を教育しているのかと思います。要はそうやって延々と奴隷根性を叩き込んでいるわけですね。早い話、お上の決定したことに逆らわない従順な家畜を作っているわけです。

結局、日本の教育というのは「どうでもいいことだけを教えろ。そしてそれで競わせろ」、「子供のうちから屈辱と忍従を覚えさせろ」、というヒトラーの教条を実践しているのでしょうね。元々日本はナチスと同盟関係にあったとおり、そのようなイズムと親和性が高いんですよ。現に僕の学校などは体罰と暴言と欠食で生徒をフラフラにした後、炎天下で延々と団体行進をさせ、その挙句にナチ式敬礼（胸に45度の角度で手を当てて伸ばすポーズ）を強いていました。

——ちょっと信じられません。北朝鮮みたいというより、全体主義が戦前からずっと地続きで残っているわけですね。

日本の学校は、抵抗権が自然権（国法に先立つ権利）として付与されていることや、市民的不服従（行政や法律が生存権を侵害するようになったら抵抗すること）が義務であることなどを全く教えませんからね。だから「国が決めたことに従うのが国民の務めだ！」などと絶叫する馬鹿がゾロゾロ出てくる。そんな風に考えると、日本の民主主義は戦後の発生の段階から麻痺状態《パラリシス》にあったのでしょう。ちなみに体育の授業で使われるホイッスルは、先の二つの大戦で突撃を合図する道具だったのですよ。そうやって反射的に機銃掃射に突っ込む群れに調教する手段であったものが、今の時代に残っている意味をよくよく考えなくてはなりません。

――秋嶋さんの経験は極端な例なのでしょうが、程度の差こそあれ、学校という組織が本来的な人格や個性を殺していることは間違いないと思います。言い換えると学校とは精神を初期《フォーマット》化する機構です。

今だって年間何百件も事故が報告されながら相変わらず組体操をやっているし、素手で便器を洗う取り組みや核汚染地域でのボランティアが美談のように取り上げられています。そしてこのような価値や文脈によって国民全員がオートマタ《自動人形》のような事物となり、ついには自身が自身を解体処分する次元にまで達した……。そんな感じではないでしょうか。

――なるほど。だとすれば日本人の理性喪失、民族精神の退廃は全体社会が「学校化」した所産だとも言えますね。執拗な学校カリキュラムによって自律的思考の芽が摘まれ、世の中は子どもだかロボットだかわからない連中ばかりになった。だから植民地主義や戦争国家や原発事故の脅威を告げられても、その意味化が出来ない。意味化が出来ても観念として捉えられない。すなわち、どう考え、どう対処していいか分からない。

だから「北朝鮮が核ミサイルを撃ち込んでくるぞ！　早く改憲しないと大変なことになるぞ！」という口車に易々と乗ってしまうわけです。

41 金正恩の未来学会議

――これはもう日本人の脳に一大退化が生じていると言っていいのではないでしょうか。

もはやマトモに物事を考える人間は少数派《マイノリティ》ですからね。考えているつもりでいても、高所から見れば考えているとは言えない。（抽象という最も高度な営為を司る）前頭葉が退化した挙句にその痕跡程のモノとなり、これに代わりスマホやテレビがある種の人工器官として置き換えられているような状態です。だから情報を与えられても自分で意味化することも観念化することもできない。早い話、脳が安手の端末機同然のモノになり果てているわけです。おそらくこういう主張《プロテーゼ》をするとバッシングを食らうでしょう。しかしこの主張に激高する者たちも、未曾有の危機を前にして、それを分析する理知はおろか発する言葉すら持たないことに気付いていません。

――そもそも国民は自分たちが知識を持っていると錯覚しています。たしかに日常生活や職業生活に不自由のない知識はあるかもしれませんが、それを取り巻く大きな構造に対しては全く無知だという自覚がありません。

社会や政治に関わる言説の殆どは新聞社説やニュース解説の受け売りなんですよ。だからよくよく考えたらオリジナルの思考というのは殆どないわけです。ぶちまけて言うと我々の世界観はマスコミによって作られた擬制です。疑似意識《イデオロギー》とはそういう意味です。この前提において、我々の致命的な弱点とは「自我に入り込んだ他者の言葉を特定し分離する能力の欠如」なのかもしれません。換言するならば、自我の解明（自分の認識がどのような意図によって形成されているのかを第三者の視点で分析する）手段の欠性です。だからこそ「自己とは他者である」という前提に立ち、自分の観念や信念を根本から見直さなければなりません。

――おっしゃるとおりです。今だ国民は自分たちの世界観が誤謬だということ、認識が他者に埋め込まれたものであることに全く気づいていません。北朝鮮のミサイル問題はその象徴と言えるでしょう。

これはもはやH・ボスの「快楽の園」に描かれたガラス球を被る裸の人さながらの様相です。すなわち彼らの世界とは聴覚を遮断されアナモルフォーズ《歪んだ像》を実体として捉える世界なのです。この次元においてはもはや現象（どのように見えるか）と実在（本当はどうであるか）の区分という観念すら不明です。

――先ほどの話に戻りますが、国家像や社会像なんてものはマスコミの文脈的産物ですからね。新聞テレビが誤報道すれば、現実と観念には凄まじい乖離が生じるわけです。

メディアが教示するニホン像とは「大胆な政治改革によって不況を克服し、五輪を契機に新たな発展局面を迎えた国家」みたいな感じでしょう。しかし実相の国家は原子力災害と植民地支配にのたうち回っています。オリンピックを契機に発展するどころかその終了を境に（地価の暴落を端緒として）恐慌が控えているわけですよ。だから、これほど情報技術が発達した時代においてすら、民衆は暗黒中世さながらに盲《めし》いたままの状態に在ると言えるでしょう。

――それは「観念の地獄」と言えるのかもしれません。

政治学者のB・アンダーソンは『想像の共同体』の中で、ネイション（国民が国家であると信じるもの）は虚妄だと主張しています。そして現代世界の悲劇とはナショナリティ（自分が帰属する体系）に対する無理解であり、そのような巨大な錯覚は文化的構築物（メディアによって作られる国民意識の所産）であると論結しています。これは確かにおっしゃるとおり「観念の地獄」と言い換えることができるかもしれません。

――そしてそれは極めてポストモダン的な状況でもあります。

そこからイメージするものはポッド（繭状の培養カプセル）に格納され仮想現実の中で生涯を終えるバッテリー人間の群れを描出した「マトリックス」のシーンですね。しかし仮に現代の日本人がモーフィアスの一団に救出されて（知識によって蒙を啓かれ）リアル世界を垣間見たところで、過酷な現実と対峙するのではなく、自らの手で脊髄にプラグを差し込んでポッドに再没入するでしょうね。

――つまり思考を閉ざしてしまうわけです。

『泰平ヨンの未来学会議』というSF小説にもそんなシーンがあるんですよ。主人公がドラッグから覚めると、現実の世界がドンドン見えてくる。高級レストランで食事をしているつもりの女は、欠けた皿で雑草のペーストを貪っている。最新モードでキメているつもりのカップルは、ボロ布と新聞紙を纏っている。スポーツカーを運転しているつもりの男は、絶叫しながら全裸で走り回っている。高層マンションに住んでいるつもりの群集は、トカゲのごとく廃墟によじ登っている。そして誰もが奇形化し、気味悪く背中に剛毛が生え、獣のように耳が尖っている。放射能の雨が降る都市のいたるところでは、無数のアンドロイド達が神経ドラッグを噴霧しながらギクシャク歩き回っている。「これほど悲惨な現実なら幻覚を見ているほうがマシだ」となるわけです。

——全く現代の日本の直喩のような話ですね。今や国民はマトモな本を読んで事実を探るより、バラエティやニュースの作る呑気な疑似世界に浸る方がいい、みたいな感じですから。結局みんな過酷な現実より心地よい幻想に生きたいわけです。

北朝鮮のミサイル問題一つをとってみても、どれほど条理を尽くして（データや傍証を添えて）説明したところで、民衆が「常識」とするものを覆すことは殆ど不可能です。だからこんな本をいくら出したところで状況は全く変わらない。民衆の脳にはセンスス・コムニス（整合的な共通感覚）を重んじるというか、早い話「面倒なことは考えたくない」という回路が出来上がっていますから。結局のところ「プラトン洞窟の比喩」から二つのミレニアム《千年》を過ぎた今時代においても、大衆《マス》の本質は全く変わっていないということです。

42　常識や価値や権威の一切から解放された次元で

――これまでのお話をもう一度整理しましょう。日本国の民度がこれほどまでに劣化した事情とは①国策化したモボクラシー《反知性主義》②植民地化に伴う文化浄化③兵営的な公共教育④知識層の堕落⑤支配と報道の共謀、ということでよろしいでしょうか？

大体そんな感じです。そしてこのような重層的な構造によって民族精神が蝕まれ、ついには国家そのものが死絶する寸前なのだと論結してよいと思います。おそらくアマゾンにはこれを否定する組織的なマイナスレビューが山のように投稿されるでしょうが、どれほど否定したところで事実は事実です。後世の歴史家もそのように検証すると思います。

――現代の日本ではこのような主張に拒絶反応する者が大半です。いやむしろ正論に憎悪を抱く者が大半だと思います。先般には弊社より『ニホンという滅び行く国に生まれた若い君たちへ』という本を出版されましたが、このタイトルは今時代の大人に絶望すると同時に、次世代に一縷の希望を託す意図とも取れますが。

そのとおりです。繰り返しますが、大人は自分の認識が捏造されたもの、すなわち虚偽意識《イデオロギー》であるという自覚がありません。だからどれほど証明的に事実を語っても認知的不協和が生じて脳を閉ざしてしまう。これはある種の「シャッター反応」と言っていいでしょう。そのうえスマホなど端末機特有の簡易言語によって、文章《セマンティクス》を読み解く力を急速に喪失している。その意味において、ネットは極めてパルマコン（薬と毒の両面性を持つもの）的です。つまり即時に膨大な情報を入手できるツールであると同時に、言語機能を退行させるガジェットでもあるということです。いずれにしろ、こうなると長文は殆ど理解されない。なので語彙や修辞法を尽くした拙文などは殆ど外国語のように映るわけです。そんなことから新鮮で可塑性《かそせい》に満ちた脳を持つ若者向けに本を書こうと思ったわけです。

——ここであらためて「若い君たち」にメッセージをお願いできないでしょうか。

実を言うと、自分もまだ若者だと思っているんですよ。なにせ毎晩エレキギターの猛特訓をやっているくらいですから（笑）。だから説教壇から見下ろすように語ることは非常に僭越なのです。それでもあえて言わせて頂くなら、スマホをいじってないで本を読めということですね。手始めに拙著でも読めばいい。わざわざ新刊本を買わなくても、図書館で借りて読めばいいんです。そして書いてあることを鵜呑みにするのではなく、むしろ絶対的な不信を持って、挑みかかるように読んで欲しい。そしてその過程で次に読むべき本がわかる。「疑うこと《コギト》」が知性の要件ですから、ぜひそこから出発して頂きたい。そもそも迂闊に人間を信用してはいけないのです。そしてもう一つは「仁義なき戦い」シリーズを観ることですね。

――えっ！　深作欣二監督の「仁義なき戦い」ですか？

そうです。金子信夫扮する山守組の組長が「組のため」とか、「子の努め」とか、「男になれ」とか、「親の言うことを聞け」とか、「悪いようにはせん」とか、「極道の鏡」とか調子のいいことを言って、若い組員たちに対立組織を襲撃するようそそのかすわけですよ。それで彼らは懲役に服したり逆に殺されたりするのですが、その間に組長は芸者を揚げてどんちゃん騒ぎをしている（笑）。子分が出所してもハシタ金で誤魔化す、死んだとなればこれ幸いとほくそ笑む。全編がこんな筋書き《ストーリー》です。

――「これから君たち若者が生きる社会の縮図」というわけですね。

おそらく国は集団的自衛権によって若者を戦場に送ったり、原発事故の収束や廃炉作業に従事させようと考えている。つまり使い捨て可能な膨大な生命を欲しているわけですよ。そして若者を動員する際には必ずナショナリズム《愛国主義》やヒロイズム《英雄主義》に訴えかけるようなレトリック《美辞麗句》を使うでしょう。だからこそ「外道ほど綺麗ごとを言う」というアフォリズム《教訓》を頭に叩き込んでおかなくてはならない。つまり先んじて暴力と欺瞞を内的に体験しておかなくてはならない。バラエティやお笑い番組を視るのは人生の貴重な時間を捨てているのと同じなんですよ。そんな暇があるのならヤクザ映画の名作の一本でも観ておいた方がいい。

――アナーキズムの薦めですか？

いいえ。コスモポリタニズム《世界市民主義》の薦めです。ジミ・ヘンドリックスが「愛国心を持つなら地球に持て。国家に魂を管理させるな」と言ったとおり、自分が帰属する先を間違えてはいけない。言い換えると国家という小さな枠組みで考えている内はダメなんですよ。だから地球というメタレベルにまで意識を拡張して、常識や価値や権威の一切から解放された次元で物事を捉え直さなければならない。そういう作業を重ねて初めて見える異質の風景があるということです。ちょうど北朝鮮のミサイル問題のように。

＊本書のインタビューは２０１７年に収録されたものです。

引用文献

『ギデンスと社会理論』今枝法之　日本経済評論社
『現代政治学』堀江湛（編）、岡沢憲芙（編）　法学書院
『ＴＰＰすぐそこに迫る亡国の罠』郭洋春　三交社
『透きとおった悪』ジャン・ボードリヤール　紀伊國屋書店
『北朝鮮が核を発射する日　ＫＥＤＯ政策部長による真相レポート』イ・ヨンジュン　ＰＨＰ研究所
『プロパガンダ教本』エドワード・バーネイズ　成甲書房
『アメリカはなぜヒトラーを必要としたのか』菅原出　草思社文庫
『泰平ヨンの未来学会議』スタニスワフ・レム　早川書房
『アメリカの国家犯罪全書』ウィリアム・ブルム　作品社
『知の考古学』ミシェル・フーコー　河出書房新社
『言説の領界』ミシェル・フーコー　河出書房新社
『エクリチュールと差異』ジャック・デリダ　法政大学出版局
『現象学』ジャン・フランソワ・リオタール　白水社
『ヨーロッパ諸学の危機と超越論的現象学』エドムント・フッサール　中央公論社
『デカルト的省察』エドムント・フッサール　岩波書店

『間主観性の現象学』エドムント・フッサール　筑摩書房
『デリダ脱構築と正義』高橋哲哉　講談社
『イデオロギーの崇高な対象』スラヴォイ・ジジェク　河出書房新社
『社会学の方法』新睦人　有斐閣
『マクドナルド化の世界』ジョージ・リッツア　早稲田大学出版部
『神話・狂気・哄笑――ドイツ観念論における主体性』マルクス・ガブリエル、スラヴォイ・ジジェク　堀之内出版
『ハンナ・アーレント　公共性と共通感覚』久保紀生　北樹出版
『法の原理　人間の本性と政治体』トマス・ホッブズ　岩波文庫
『正義の境界』オノラ・オニール　みすず書房
『方法序説』ルネ・デカルト　岩波文庫
『討議と承認の社会理論―ハーバーマスとホネット』日暮雅夫　勁草書房
『フランス現代哲学の最前線』クリスチャン・デカン　講談社現代新書
『論理哲学論』ルートヴィヒ・ヨーゼフ・ヨーハン・ヴィトゲンシュタイン　中公クラシックス
『現代思想を読む事典』今村仁司・編　講談社現代新書

『大衆の反逆』ホセ・オルテガ・イ・ガセット　白水社
『暗い時代の人間性について』ハンナ・アーレント　情況出版
『活動的生』ハンナ・アーレント　みすず書房
『権力と抵抗─フーコー・ドゥルーズ・デリダ・アルチュセール』佐藤嘉幸　人文書院
『実存主義とは何か』J・P・サルトル　人文書院
『ジャック・ラカン転移』（上）（下）ジャック＝アラン・ミレール（編）　岩波書店
『消費社会の神話と構造』ジャン・ボードリヤール　紀伊國屋書店
『フーコーの系譜学　フランス哲学〈覇権〉の変遷』桑田禮彰　講談社
『意味の歴史社会学─ルーマンの近代ゼマンティク論』高橋徹　世界思想社
『権力と支配の社会学』井上俊　岩波書店
『グローバリゼーションと人間の安全保障』アマルティア・セン　日本経団連出版
『ナショナリズムとグローバリズム』大澤真幸、塩原良和、橋本努、和田伸一郎　新曜社
『ポストモダンの共産主義』スラヴォイ・ジジェク　筑摩書房
『金融が乗っ取る世界経済─21世紀の憂鬱』ロナルド・ドーア　中央公論新社
『全体主義─観念の（誤）使用について』スラヴォイ・ジジェク　青土社
『秘密と嘘と民主主義』ノーム・チョムスキー　成甲書房

『すばらしきアメリカ帝国』ノーム・チョムスキー　集英社
『経済学は人びとを幸福にできるか』宇沢弘文　東洋経済新報社
『ニグロ、ダンス、抵抗』ガブリエル・アンチオープ　人文書院
『新聞の時代錯誤』大塚将司　東洋経済新報社
『哲学者は何を考えているのか』ジュリアン・バジーニ＋ジェレミー・スタンルーム　春秋社
『悪夢のサイクル』内橋克人　文藝春秋
『なぜ疑似科学を信じるのか』菊池聡　化学同人
『新自由主義の破局と決着』二宮厚美　新日本出版社
『新聞は戦争を美化せよ！―戦時国家情報機構史』山中恒　小学館
『ポスト新自由主義―民主主義の地平を広げる』山口二郎、片山善博、高橋伸彰、上野千鶴子、金子勝、柄谷行人　七つ森書館
『シミュラークルとシミュレーション』ジャン・ボードリヤール　法政大学出版局
『始まっている未来』宇沢弘文、内橋克人　岩波書店
『ショック・ドクトリン　惨事便乗型資本主義の正体を暴く上下』ナオミ・クライン　岩波書店
『テロルと戦争』スラヴォイ・ジジェク　青土社

『自由からの逃走』エーリッヒ・フロム　東京創元社
『正気の社会』エーリッヒ・フロム　社会思想社
『市場主義の終焉―日本経済をどうするのか』佐和隆光　岩波新書
『暴力とグローバリゼーション』ジャン・ボードリヤール　ＮＴＴ出版
『環境学と平和学』戸田清　新泉社
『世界の知性が語る21世紀』Ｓ・グリフィスス　岩波書店
『世界を不幸にしたグローバリズムの正体』ジョセフ・スティグリッツ　徳間書店
『これは誰の危機か、未来は誰のものか―なぜ1％にも満たない富裕層が世界を支配するのか』スーザン・ジョージ　岩波書店

校正：熊谷喜美子
カバーイラスト：Suphaporn Japimai© 123RF.COM

◎著者紹介
秋嶋亮（あきしまりょう）。響堂雪乃より改名。
社会学作家。ブログ・マガジン「独りファシズムVer.0.3」http://alisonn.blog106.fc2.com/を主宰し、グローバリゼーションをテーマに精力的な情報発信を続けている。主著として『独りファシズム―つまり生命は資本に翻弄され続けるのか？―』（ヒカルランド）、『略奪者のロジック―支配を構造化する210の言葉たち―』（三五館）、『略奪者のロジック４―世界システムを論証する207の言葉たち―』（デザインエッグ）、『Dystopia Japan 暗黒ニホン社会観想録』（デザインエッグ）、『終末社会学用語辞典』（共著、白馬社）、『植民地化する日本、帝国化する世界』（共著、ヒカルランド）『ニホンという滅び行く国に生まれた若い君たちへ』（白馬社）、『放射能が降る都市で叛逆もせず眠り続けるのか』（共著、白馬社）などがある。

北朝鮮のミサイルはなぜ日本に落ちないのか
――国民は両建構造《ヤラセ》に騙されている

2018年６月１日　第一刷
2024年６月５日　第六刷

著　者　秋嶋　亮
発行者　西村孝文
発行所　株式会社白 馬 社
〒612－8469　京都市伏見区中島河原田町28－106
電話075(611)7855　FAX075(603)6752
HP http://www.hakubasha.co.jp
E-mail info@hakubasha.co.jp
印刷所　モリモト印刷株式会社

ISBN978－4－907872－24－3